U0899007

国家间关系的典范

中巴建交后两国关系的回顾与展望

杜幼康◎主编

时事出版社

图书在版编目（CIP）数据

国家间关系的典范：中巴建交后两国关系的回顾与展望/杜幼康主编. —北京：时事出版社，2012. 12
ISBN 978-7-80232-572-2

Ⅰ. ①国… Ⅱ. ①杜… Ⅲ. ①中外关系—巴基斯坦
Ⅳ. ①D822. 335. 3

中国版本图书馆 CIP 数据核字（2012）第 278796 号

出版发行：时事出版社
地　　址：北京市海淀区巨山村 375 号
邮　　编：100093
发行热线：（010）82546061　82546062
读者服务部：（010）61157595
传　　真：（010）82546050
电子邮箱：shishichubanshe@ sina. com
网　　址：www. shishishe. com
印　　刷：北京百善印刷厂

开本：787 × 1092　1/16　印张：16. 25　字数：170 千字
2012 年 12 月第 1 版　2012 年 12 月第 1 次印刷
定价：48. 00 元

目 录

综合篇

经贸篇

外交篇

安全篇

英文篇

Content

前言

中国和巴基斯坦均为人类文明的发源地，两国人民的友好交往源远流长。1951年中巴建交以来，在双方政府和人民的共同努力下，两国发展成全天候、全方位的战略合作伙伴。所谓“全天候”是指任凭国际风云变幻、形势错综复杂，中巴作为同舟共济、患难与共的挚友，一向相互理解、相互同情、相互信任、相互支持，经受了历史和时间的考验。而“全方位”则是两国无论是在政府、政党、社会各界和民间团体之间，还是在政治、经贸、外交、军事、科技和文化等各个领域，都在进行全面和密切的合作。因此，中巴友好关系已成为不同社会制度国家友好相处、共同发展的典范。

为进一步推动中巴教育、科技和经贸合作，扩大民间和文化交流，增进双方传统友谊，促进两国战略合作伙伴关系深入发展，巴基斯坦政府通过其驻华使馆，与复旦大学于2009年10月在复旦大学设立巴基斯坦研究中心（Pakistan Study Centre）。中心由巴基斯坦驻华使馆和复旦大学共同领导，巴基斯坦政府给予财政支持。中心成立以来，多次邀请巴基斯坦高级官员访问上海，并在复旦大学发表演讲。中心启动了高级访问学者项目，每年邀请中国或巴基斯坦前高官和知名学者驻所进行专题研究，安排其在上海的高等院校和研究机构演讲或座谈。中心热诚接待巴基斯坦官员与学者，主办相关国际和国内学术讨论会，举办有关巴基斯坦问题的讲座和座谈会，还负责选拔和协助复旦大学师生赴巴基斯坦学习。目前，中心正努力成为研究巴基斯坦和中巴关系的智库、推动两国学术交流与合作的基地、促进中巴传统友谊的平台以及深入了解巴基斯坦的窗口。

2011年正值中国和巴基斯坦建交60周年和“中巴友好年”。在巴基斯坦驻华使馆、驻沪总领馆和复旦大学国际问题研究院的积极支持下，巴基斯坦研究中心组织了一系列庆祝和纪念活动。应中心邀请，巴基斯坦驻华大使马苏德·汗先生于2011年3月初在巴驻沪总领事哈桑先生的陪同下访问复旦大学，并发表题为“巴基斯坦和中国的关系”的演讲。访问期间，复旦大学校长杨玉良与马苏德·汗大使进行了亲切会谈，双方就巴基斯坦高等教育机构与复旦大学的合作、双方师生之间的人文交流、巴基斯坦研究中心的建设等议题进行了深入讨论。在中巴建交60周年纪念日之前，中心为《China Daily》、《国际商报》“中巴建交60周年专刊”、《南亚研究季刊》、《解放日报》等报刊撰稿或组稿共计11篇。6月初，中心举办了“巴基斯坦形势与中巴关系”国际学术研论会，来自巴基斯坦、新加坡、波兰和国内高校、科研机构的20多名专家学者参加了会议。

理“断层线”而连接在一起的。但我想说，巴中两国同样也分享着文明“断层线”。[①] 僧侣和使节们不畏山势险峻，穿越喀喇昆仑山脉、兴都库什山脉和喜马拉雅山脉，将犍陀罗和印度河流域文明与中华文明连接起来。公元4世纪和7世纪，法显和玄藏没有因这些山脉不可企及的高度望而却步。当时，来自如今为巴基斯坦国土上的许多学者也跋涉到中国，了解和汲取中国灿烂辉煌的文明。因此，我们文明之间的相互交流早在近现代之前就开始了。

1949年中华人民共和国的成立是真正意义上的历史性事件，而巴基斯坦在1947年的独立也同样如此。1950年1月4日，巴基斯坦承认中华人民共和国，并在巴基斯坦首任代办于1951年4月抵达北京进行谈判后，两国在1951年5月21日正式建立外交关系。中国首任驻巴大使在1951年9月去了卡拉奇，接着巴基斯坦首任驻华大使于1951年11月1日抵达北京。

2011年我们将庆祝巴中建交60周年，而现在刚开始启动。2011年被指定为“巴中友好年”，我们决定在政治、经济、贸易、军事、文化、体育和教育领域举办一系列纪念活动，以庆贺我们的双边关系牢不可破，展示将两国关系提升到新高度的决心。

再来回顾一下历史，我们可以将巴中关系看成三个阶段。由于冷战的原因，20世纪50年代是巴中关系的不确定时期，尽管双方在接触初期就开始努力推动。在1955年万隆会议期间，周恩来总理和穆罕默德·阿里·博格拉总理就加强两国交

---

① 文明“断层线”指的是地域上相邻的文明板块之间的结合地带。——译者注

巴基斯坦和中国的关系*

巴基斯坦驻中国大使　马苏德·汗

现今的巴基斯坦和中国的关系究竟发展到了什么程度呢?我就先从巴中两国在2010年12月19日发表的联合声明讲起。

在巴基斯坦和中国满意地回顾过去59年来两国关系的发展变化时，双方都强调了以下四点：第一，深化巴中两国全天候的战略伙伴关系至关重要；第二，巴中关系已超出双边关系的范畴，具有更为广泛的地区和国际影响；第三，巴中之间的友谊与合作符合两国的根本利益，有助于促进本地区内外的和平、稳定与发展；第四，双方将加强战略协调，促进务实合作，携手应对挑战，实现共同发展。

概括而言，这就是巴中之间政治和战略关系的总体状况。

我们来简要回顾一下历史。学者和学生们都熟悉巴中两国关系的近期发展过程，然而我们的关系却可以追溯到久远的历史之中。显然，巴中两国的领土是由山脉与河川，或称之为地

---

* 本文系巴基斯坦驻华大使马苏德·汗2011年3月3日在复旦大学发表的演讲。

除上述庆祝和纪念活动外，巴基斯坦研究中心还面向复旦大学全体师生举办了“共叙中巴友谊60年”的征文比赛活动，以回顾中巴建交60年以来两国在政治、经贸、外交、军事、科技和文化等方面关系的发展，探讨双方“全天候、全方位”友谊的内涵与特点，展望21世纪两国战略合作伙伴的发展前景。对此，复旦师生踊跃投稿，大量征文蕴涵着一个相同或相近的理念：中巴友谊基础牢固，历久弥坚，已深深扎根于两国人民的心中，并将世代相传。中心为此次征文比赛举行了评选结果揭晓和颁奖仪式，巴基斯坦前外秘、前驻华大使霍哈尔先生和巴驻沪总领事哈桑先生为荣获一等奖和二等奖的学生颁发了奖状和奖金。

本书收入的文章主要来自上述征文比赛活动，经挑选、修改和编纂而成，其中包括复旦大学南亚研究学者和其他师生提供的论文，还有巴基斯坦驻华大使马苏德·汗先生在复旦大学的演讲、中国前驻巴基斯坦大使周刚的纪念文章以及巴基斯坦访问学者提供的研究成果。在编辑本书过程中，巴基斯坦研究中心特约研究人员宋海啸协助修改了个别文章，研究生葛静静承担了部分翻译和编排工作，时事出版社谢琳女士则为本书出版提供了必不可少的帮助，在此一并致谢。

杜幼康于复旦校园

2012年11月

流与合作达成共识。1955 年 5 月 23 日，毛泽东主席在和我们驻北京大使苏尔坦努丁·艾赫迈德先生会谈时表达了这样一个愿望：鉴于两国之间的友好意愿，双方关系将发展得更加牢固、更为友好。

在 20 世纪 50 年代末和 60 年代初，两国领导人引导着巴中关系走向更为理解和团结。1961 年，巴基斯坦投票支持恢复中国在联合国的席位。1963 年，中巴两国签署了一份边界协议，它显示出并加强了两个邻居之间日益显现的信任，是两国关系中具有重大意义的里程碑。巴基斯坦外交部长佐勒菲卡尔·阿里·布托于 1963 年 2 月在北京签署了该协议，显示了巴基斯坦外交政策的独立性以及对中巴友谊的信心日益增强。

从此，我们两国关系开始进入第三阶段，并呈现出相互信任、高度信赖和加强合作的特点。这段时期可以称之为两国关系的巩固和扩大阶段，并且一直延续至今。

1964 年 5 月，周恩来总理提及巴基斯坦时表示，近年来中巴之间的睦邻友好关系得到很大发展。他在回忆对巴基斯坦的访问时说道："我们发现自己每时每刻都处在深厚的友谊氛围中，这是巴基斯坦人民珍重中国人民情谊的表现，我们对此非常感动。"

随后几十年中，巴中两国关系不仅加深，而且患难与共。在 1965 年和 1971 年的战争中，中国帮助了我们。我们支持中国进入联合国，还通过"悄悄外交"协助中美恢复邦交。20 世纪 80 年代，我们在阿富汗抵抗苏联入侵的动荡时期协调政策，如今又在反对恐怖主义的战争中携手合作。

当我们谈及巴中关系近期发展过程时，我们对于这样一个事实感到满意，即双方为战略、国防、经济、商业和文化领域的交往与合作构建了极为有效、实用和灵活的框架结构，而这一框架结构是与时俱进的。

领导人、政治家、学者以及媒体人员用充满诗意的表述来形容巴中关系。它被比喻成比山高、比海深、比蜜甜、比钢还硬。这种关系被引证为国家间关系的典范。以富有诗意的措辞来描述我们的友谊，在人民的心中和脑海里引起强烈的共鸣。一言以蔽之，巴基斯坦人民热爱中国和中国人民，他们把中国看成是完全值得信赖和特别真诚相待的朋友与伙伴。

因此，致力于发展巴中友谊已成为巴基斯坦外交政策的基石，而且获得了朝野各界的共识。巴基斯坦深深感激中国在我们经济和社会发展中给予的支持和帮助。我们完全支持中国在台湾地区、西藏、新疆和其他人权问题上的原则立场。

中国政府和人民对此投桃报李，并将巴基斯坦视为最值得信赖的朋友和伙伴。中国在其外交议程中把发展与巴基斯坦的关系置于突出的位置。中国支持巴基斯坦维护国家主权、独立和领土完整的努力。

两国之间的团结说明了双方关系和战略互信的长期性与适应性。这一关系的推动力来自民心，两国历届政府精心维护、富有远见的政策也通过多重框架予以巩固。

我们再来谈下框架结构。2005 年的《巴中睦邻友好合作条约》是一个至关重要的法律文书，使我们能够加强战略、经济和文化关系。高层互访在这方面发挥了关键性作用。2010 年

12 月，巴基斯坦和中国决定建立领导人年度会晤机制和外长对话机制，加强两国外交部之间的联系和对话。2008 年以来，巴基斯坦总统已 6 次到访中国，总理也 3 次访华。2010 年，温家宝总理和张德江副总理访问了巴基斯坦。

巴中联合经济委员会（JEC）帮助我们促进经济增长，加强贸易关系。为实现这一目标，我们采用了“经贸合作五年发展规划”。第一个五年规划在 2011 年完成，重点是港口发展、教育交流、设立巴中联合投资公司（JIC）以及汽车、化工、化肥、电信、能源等项目。2012 年，我们启动了第二个五年规划。在此计划中，双方已经确认了 36 个项目，涵盖教育、医疗、水利、农业、交通运输、能源、信息通讯技术和工业。

中国的主要品牌在巴基斯坦都有销售，而随着我们国内中国经济特区的设立，这些销售活动将会不断扩展。

目前，双方正致力于建立一种双边能源合作机制，这将为两国相关部门和机构之间处理水力发电、热能、燃煤、可替代能源与核能，创建一个永久性的对接平台。

在 2010 年巴基斯坦发生严重洪灾后，中国给予我们慷慨、及时和无条件的救灾援助。中国对巴基斯坦的援助是迄今向一个外国所提供的最高规格赈灾援助。我们很高兴中国企业也准备参加灾后重建，特别是在农业和基础设施项目上。

在温家宝总理访问期间，巴中企业之间签署了价值 100 亿美元的协议。这些协议包括通信传输、可替代能源、遥感卫星等领域，以及采购食物、渔业、宝石、矿产、皮革、棉纱的订单。

巴中贸易额从2002年仅仅18亿美元上升到2010年的87亿美元。2010年，巴基斯坦对中国的出口增长37%，而从中国的进口增长25%，总体增幅高达28%。如果按照这样的速度发展，我们的双边贸易额很快就会达到150亿美元这一令人期待的目标，然而我们还希望能够超越这一目标。

巴基斯坦和中国在货物、投资和服务领域签署了自由贸易协定（FTAs），两国自由贸易委员会（FTC）定期举行会晤。2011年3月稍后几天，中巴自由贸易协定第二阶段的谈判将开始磋商，以加强贸易自由化，促进两国经济和贸易的增长；还将研究中国向巴基斯坦派遣政府采购团、签证简化措施和开发电子数据交换系统（EDI）等议题。

我们两国军方也有着非常密切的合作。2011年年初，巴基斯坦参谋长联席会议主席与中国人民解放军总参谋长举行了第八届防务与安全磋商。我们在寻求地区和平与安全以及打击恐怖主义、极端主义和分离主义邪恶势力上观点一致。我们的防务合作涵盖高层军事交流、机制性的防务与安全磋商、联合演习、相互培训人员、联合生产武器以及军品贸易。

2011年，我们将目标明确地作出努力，通过加强文化、教育、媒体、体育、旅游以及公共卫生上的交流，促进两国人民之间的理解和友谊。我们尤其鼓励研究人员和学者的访问，而他们能有深度、有角度地阐述巴中友谊。在这一背景下，我们强调巴中年轻一代人之间的交流，这样他们可予以继承和传播。2011年1月，一个有着100名成员的中国青年代表团访问了巴基斯坦，不久一个巴基斯坦青年代表团也将抵达中国。我们相信，这些交流将会在中国的年轻人中打下理解与合作的基础。

中国是一个崛起中的大国。事实上，它已经迅速崛起，成为世界第二大经济体。中国领导人采用谨慎的方式，合情合理地宣布：中国将通过提高人均收入、重新分配社会财富和资源、缩小城乡和东西部地区之间的差距、刺激内需等途径，继续朝着全面发展的目标前进。我们相信，所有这些措施将会对中国的周边邻国、亚太地区以及国际经济产生有益的影响。

巴基斯坦支持中国有关建设“和谐世界”的愿景——这样的世界致力于“双赢”合作而摒弃“非赢即输”的范式。巴基斯坦希望阿富汗能趋于稳定，实现国内和解。在巴基斯坦，我们希望能清除恐怖主义网络，为我们的人民创造经济和社会发展的条件。在我们的东面，我们希望与印度有一个机制化的、实质性的持续对话来解决我们悬而未决的问题，为创造合作环境铺平道路，并使南亚成为一个安全稳定的地区。

在所有这些努力中，我们将与伟大的邻邦中国密切合作。所有巴基斯坦人毫无例外为中国非凡的成就而感到自豪。我们希望中国自身继续发展，世界继续从中国寻求地区和全球和平与繁荣中受益。

谢谢大家！

（葛静静[①]译　杜幼康校）

① 复旦大学国际关系与公共事务学院国际关系专业研究生。

全天候友谊　全方位合作

中国前驻巴基斯坦大使　周　刚

2011 年 5 月 21 日是中国和巴基斯坦建交 60 周年纪念日，中巴双方举办了各种活动纪念建交 60 周年和“中巴友好年”。

当今世界，很多国家之间建立了各种伙伴关系。谈到中巴关系，中国人说，巴基斯坦是中国的“铁哥们”；巴基斯坦人说，“巴中友谊比喀喇昆仑山高，比印度河深，比蜜甜”。这种老百姓最朴实的语言准确地道出了以“全天候友谊”和“全方位合作”为特点的中巴关系的精髓。笔者在 1991—1995 年任中国驻巴大使期间，亲身感受了巴人民对中国人民的深厚友情，亲眼目睹了巴政府为发展中巴关系所做的真诚努力。

在长达半个多世纪的岁月里，中巴共同培育的友好关系经受了国际风云变幻的考验，已成为国与国之间关系的典范。这种关系为维护地区和亚洲的和平与稳定作出了积极贡献，为国际社会所重视。这种关系为中巴两国带来了实实在在的利益，为双方所珍视。这种关系在 21 世纪具有广阔的发展前景，双方将进一步将其拓展和深化。

中巴关系的主要特点可概括为以下几点：

第一，互相尊重，平等相待，高度信任。中巴两国一向互相尊重、平等相待，从不强加于人。双方在政治上高度信任，一贯从战略全局和两国友好大局出发看待和处理两国关系。中巴睦邻友好合作条约为中巴战略合作伙伴关系奠定了法律基础，使两国关系进入新时期。

第二，在维护主权、领土完整、安全等核心利益问题上相互理解和支持。中国坚决支持巴维护国家主权、领土完整和安全的正义斗争。长期以来，巴在台湾地区、西藏地区、打击“东突”恐怖势力等关系中国核心利益问题上给予中国宝贵的支持。在笔者任驻巴大使期间，每年日内瓦人权会讨论西方的反华提案时，笔者都前往巴外交部同巴方商谈双方合作事宜。巴方总是明确地告诉笔者：“中国的事情就是巴的事情。中国朋友需要我们怎样配合，我们就怎样配合。”2009 年 7 月，笔者作为杨洁篪外长的特别代表访巴，就巴方在乌鲁木齐“7·5”事件上对中国的支持，向巴政府转达中国政府的谢意。吉拉尼总理表示，“巴政府坚决支持中方为维护稳定和发展所采取的一切举措”。笔者会见库莱希外长和巴希尔外秘时，他们表示：“乌鲁木齐事件是中国的内政。中国的安全就是巴的安全，中国的发展就是巴的发展。巴坚决支持中国维护自己的安全和发展利益。巴方告诉伊斯兰国家组织成员国，中国是伊斯兰国家的好朋友，在中国面临困难时，伊斯兰国家应该支持中国，而绝不能做伤害中国朋友利益的事情。”

第三，领导人互访大力推动了两国关系深入发展。领导人经常互访和会晤是中巴关系的突出特点。胡锦涛主席 2006 年访巴，温家宝总理 2005 年和 2010 年访巴。扎尔达里就任总统后已 6 次访华，吉拉尼总理 3 次访华。这些访问极大地增进了相互了解和友谊，明确了两国友好合作的方向。

第四，各领域、各层次往来频繁，合作密切，人文领域交往方兴未艾。两国建立了多种对话和合作机制。两国议会、政党、地方政府、经济、科技、文化、教育、金融等领域的友好访问有力地发展了两国之间的合作。

近年来两国人文领域的往来增加，双方重视青年之间的交往，增派留学生。两国媒体也对中巴关系进行积极报道。两国青年交流是“中巴友好年”的重要内容。中方承诺在未来三年为巴学子增加 500 个奖学金名额。

第五，经贸合作互利共赢。进入 21 世纪，双方采取了一系列战略性举措和制度性安排，以深化和拓展经贸合作。截至到 2010 年底，中国企业在巴累计签订承包工程、劳务合作合同额 198.7 亿美元，完成营业额 148.6 亿美元。很多中国企业积极参与巴的通讯、交通、电力、油气勘探、资源开发等领域的项目，这不仅有利于巴的经济发展，而且对中企走向国际市场具有重要意义。

2010 年夏季，巴遭受百年不遇水灾。中国感同身受，向巴提供了新中国成立后对外最大的救灾援助，并参与巴灾后重建计划。

第六，两军之间的往来与合作是两国高度互信的重要表现。多年来，两国防务部门和军队之间进行了多层次、多领域的深入合作，包括团组互访、人员培训、防务磋商、联合反恐演习、海军联合搜救演习以及军工生产合作。这反映了两国友好的深度，以及双方之间的高度信任。

第七，在国际事务和地区问题上进行密切磋商和合作。中巴在关系世界和平、安全和发展，应对传统和非传统安全的威胁等重大国际问题上，拥有广泛共识和共同利益。两国在国际和地区事务中，保持密切沟通与协调，进行有效配合与合作。中巴是维护世界和地区和平的积极力量。

两国在双边和多边框架内开展实质性合作，共同打击“三股势力”。巴为打击恐怖主义作出了重大贡献和牺牲。国际社会应当承认巴的贡献，同情巴所做的牺牲，支持巴维护国内安全和稳定的努力。

当前，国际和地区形势的深刻变化要求中巴紧密携手合作，坚定不移地推进各领域的务实合作。这是中巴人民的共同心愿。中巴是经受过时间考验的好邻居、好朋友、好伙伴、好兄弟。中巴友谊是全天候的，有广泛的民意支持和深厚的根基。中巴在双边和多边领域的互利合作有具丰富经验和可靠基础。中巴合作具有战略意义。中巴战略合作伙伴关系必将不断与时俱进，具有良好条件和广阔前景。

综合篇

发展新世纪中国与巴基斯坦的战略关系

沈丁立[*]

［内容提要］本文回顾中国和巴基斯坦“全天候”战略合作伙伴关系的现实性来源，分析冷战期间中巴双边关系的安全合作动因，并探讨在21世纪拓展与调整这种特殊关系的必要和可能，目的在于改善安全观念，取得符合时代特点的更大范围的双赢以及多赢。

中国和巴基斯坦之间存在着“全天候”和“全方位”的战略合作伙伴关系。这些关系如何而来，又将如何归往？本文试图探析中巴特殊关系的现实主义来源，分析这种双边关系在冷战期间凝聚发展的安全动因，并探讨在21世纪拓展与调整中巴传统关系的必要与可能。随着全球化的快速发展以及中国所处国际地位的不断提升，我们有必要及时更新与改善安全观

* 沈丁立，复旦大学教授、国际问题研究院常务副院长、美国研究中心主任。

念，取得符合时代特点的更大范围的双赢以及多赢。作为一个大国并且期待成为一个强国，中国需要在处理与巴基斯坦和其他南亚国家的关系时，展现地区与全球视野，体现出塑造和提供地区安全的意识和能力。

一、理解中巴战略合作关系

中国和巴基斯坦存在着“全天候”的战略合作伙伴关系。[①]既然是战略合作关系，那就是有别于同其他国家之间关系的特殊关系。在战略问题上讲合作，必须合作双方的战略利益有相当的契合。中国和巴基斯坦在重大战略问题上需要利益一致或接近，不然就需协调，以缩小双方战略意图和利益的差距，并对无法协调的部分各自作出妥协，否则无法开展战略合作。对战略合作伙伴关系的这种要求，对所有其他国家的类似关系也适用，尤其是对同盟国家之间的关系。可以说，所有具有军事同盟关系的国家，必定都是战略合作伙伴，尽管同盟的不同成员在这种关系中的伙伴地位可能不相平等。

中国与巴基斯坦之间的特殊关系还由于存在第三方因素而显得更加特殊。尽管中国和巴基斯坦在其官方声明或文件中未必承认它们的特殊关系有针对第三方的因素，但这种性质在事

① 杜幼康：“中巴友谊天长地久”，《国际商报》巴基斯坦特刊，2011 年 3 月，第 62—64 页。

实上是存在的。中国和巴基斯坦并非出于意识形态的原因而走近。事实上，巴基斯坦曾于20世纪50年代加入巴格达条约组织，寻求美英主导下的集体军事合作，对社会主义国家采取敌对姿态。① 但是，事过境迁，当巴基斯坦认为这一组织不再能起到保护成员国安全的作用时，就于1979年退出，这在相当程度上导致了中央条约组织在同年解体。

巴基斯坦加入巴格达条约组织（后改名为中央条约组织），目的是防范以苏联为首的社会主义国家体系，但巴基斯坦的安全目标却在它同中国逐步发展“全天候”的战略合作伙伴关系时得到了更好实现。由于中国采取了和平共处原则，对巴基斯坦不输出自己的意识形态，因此不对巴基斯坦构成社会制度和价值观方面的威胁。因此，中国与巴基斯坦形成特殊合作伙伴关系后，巴基斯坦不必在巴中一侧投放不必要的军事资源以策国防安全。它可相应调整防务姿态，将国家资源投放在更为迫切之处，以利保卫国家核心利益。

在冷战之初，中苏结盟，因此共同成为美国利用北约、东南亚条约组织和中央条约组织等对苏中社会主义体系进行全球阻遏的核心对象。但随着时代变迁，中国感知苏联对我国构成的威胁超过了来自美国的威胁，因此及时调整了外交方针。改善国际统一战线就成了20世纪70年代初中国的国家安全战略。巴基斯坦在当时与中国合作，协助开辟了中国与美国就战略缓和或者展开对话的重要管道，并进而大大增进了我国的国

① 巴格达条约组织于1955年11月成立，后因伊拉克于1959年退出而改名为中央条约组织。

际地位和国家安全。巴基斯坦对此作出了历史性贡献，它也因促进中巴关系而改善了自己的外部安全环境。①

当中国和巴基斯坦声称它们之间的关系是世界上不同社会制度和意识形态国家之间友好合作的典范时，这绝非空话。中国和巴基斯坦之所以能发展全方位、全天候关系，确实无法用共同理想、共同制度这样的根本性价值来做解释，而只能用双方共同或者接近的安全利益进行理解。中国和巴基斯坦在冷战期间出于共同对苏联和印度的安全关切而进行合作，是显而易见的事实。只是这样的合作有多重后果：其一，零和性。由于有第三方因素，中巴加强关系既是对来自同一个第三方安全压力的反应，也使中巴的任何一方更难以在改善同第三方关系的同时，不引起中巴之间另外一方的顾虑。其二，脆弱性。当共同安全威胁消失后，原先的安全合作就将失去现实主义基础，这就可能导致双边关系漂流。为了防止出现这种情况，双方就必须另辟蹊径，寻找新的合作基础。

本文旨在研讨中国同巴基斯坦战略合作伙伴关系的过去、现在以及将来，试图提出维护与发展中国和巴基斯坦战略合作伙伴关系在新时代下的新思路，尤其是结合现实主义的安全观以及理想主义的合作观，以突破传统合作的局限，从而获得中巴以及整个南亚乃至亚洲地区的更大安全与发展。中国作为文明古国和快速崛起的新兴大国，应该有这个理想、责任与能力。

---

① Nicholas Platt, "*China Boys: How U. S. Relations with the PRC Began and Grew-A Personal Memoir*", New Academic Publishing: Washington, DC, 2009.

二、中巴传统合作的战略内涵

如上所述，在冷战期间，中国和巴基斯坦能在双边关系和广泛的国际事务中形成坚强的合作关系，并非拜一致的文化或价值所赐，而是基于共同或接近的威胁认知与安全利益。讲得更直接一些，中巴能够开展战略合作：一是由于来自苏联的威胁。随着中苏关系在20世纪60年代的恶化，中苏间甚至发生了在中国黑龙江和新疆与苏交界处的武装冲突，出现了多起流血事件。苏联在邻近中国北部边境的地区部署重兵，在军事上对中国构成了沉重的压力。二是由于两国都在领土完整问题上同印度存在根本矛盾。同时，苏联又在武装支持印度，是印度从外部获得先进武器装备的主要提供者，而印度又是巴基斯坦国家安全的首号对手。无论是在印巴关于克什米尔的争议问题上，还是在20世纪70年代初的东巴基斯坦独立问题上，印度都是巴基斯坦安全感知中最为严重的威胁来源。而苏联在涉及印巴、中印的边界与主权问题上，一概采取支持印度的立场。在当时的形势下，必然会产生中巴加强安全合作以制衡苏印安全合作的客观需求。

美国是巴基斯坦的长期盟友，却是苏联和中国在意识形态和安全战略上的共同对手。随着中苏关系渐趋敌对，中国政府在其安全认知中对来自苏联的威胁就更加忧虑。通过调整中美关系从而改善中国的国际安全处境，也就成了中方战略家们的思考，即使中国当时还处于“文化大革命”的动乱过程。源自1971年日本名古屋的中美乒乓外交，启动了中国经由巴基斯坦向美方首脑发出的访华邀请，进而促成了次年美国总统来到中国。中美关系从20世纪70年代初开始了正常化进程，全球安全格局从此发生了重大变化。

中国的核心国家利益有三项：制度安全、国家统一以及经济发展。巴基斯坦在中国的这些核心利益问题上采取了支持或不挑战的立场——在中国制度问题上不予挑战；对中国的国家主权和领土完整一贯予以支持；并量力同中国开展了积极的经济合作，因此它是中国重要的国际合作伙伴。由于在上述一些领域中巴基斯坦与中国分享共同的安全关切和重大的战略利益，中巴必然在地区和全球问题上广泛进行合作，因此它同中国的关系一定是全天候和战略性的。考虑到巴基斯坦协助中国在极其困难的国际环境中改善了自身的战略处境，北京十分感谢并愿意对伊斯兰堡做出回报。

这种回报表现在巴基斯坦国防安全十分需要的核武器发展问题上，西方认为中国可能给予了合作。具体表现在：利比亚在2003年底向西方承认了它在秘密发展核武器，西方国家在利比亚提供的核开发材料与资料中发现了中文标注的核武器设计图，这被认为是中国第四次核武器试验的蓝图，是经由巴基斯坦转移到利比亚的。[①] 还表现在：20世纪90年代中期，西方

① Joby Warrick and Peter Slevin, “Libyan Arms Designs Traced Back to China: Pakistanis Re-sold Chinese-Provided Plans”, *The Washington Post*, February 15, 2004, p. A1.

认为中国向巴基斯坦卡胡塔核综合体提供了环形磁铁，用于高速离心机铀浓缩设施的减摩擦机械，而这些武器级浓缩铀是用于巴基斯坦的军事核计划的。①

中国和巴基斯坦对这些来自西方的指责一概否认，尤其是对上述环形磁铁的问题。在公开层面，中国不承认已向巴基斯坦转移过这些物资，但在美国对中国实行局部制裁的情况下，宣布将改善对核两用品与技术的出口控制，并颁布国家管制法规。② 中国宣布将不对任何不接受国际原子能机构全面安全保障的外国设施出口核两用技术或物品。也就是说，尽管外国政府作为主权部门有权利不放弃核武器以及发展选择，但只要它不放弃将某项设施用于这种目的（通过拒绝国际原子能机构对整个设施进行监督检查），那中国政府将不再向这项设施出口核两用技术与物品，尽管这些物品或技术本身也可以当做民用。

学术研究的基础是实事求是。人们没有理由认为中国一定有意协助了巴基斯坦发展铀浓缩，因为外国政府或者媒体的相关指责未必符合事实，这些政府或者媒体的猜测、推导和判断并不能作为事实是否发生的依据。中国在 20 世纪 90 年代初加入了《不扩散核武器条约》，并接受对所出口的核物项的安全保障，但根据国际原子能机构的有关规定，并不需要对接受中国相关出口的国家要求其接受全面安全保障，而且环形磁铁也

① "China's Nuclear Exports and Assistance to Pakistan", http://cns.miis.edu/archive/country_ india/china/npakpos.htm，2011 年 5 月 1 日网上查证。

② 关于中国防扩散出口管制的政策演变，可见中华人民共和国国务院新闻办公室：《中国的防扩散措施与政策》白皮书，北京 2003 年 12 月；《中国的军控、裁军与防扩散努力》白皮书，北京 2005 年 9 月。

不在必须实行出口管制的国际原子能机构的清单上。从这个角度看，即使中国出口过这样的磁铁，也不违反国际原子能机构的规范与中国当时已经作出的国际承诺。

经过如上周折，美国政府取消了对中国的相应制裁。但因为巴基斯坦拒绝加入《不扩散核武器条约》，无意放弃核武器发展选择，也不接受全面安全保障，那么中国在颁布了相关出口管制条例后，就不能再向巴基斯坦不受安全保障的设施提供核两用物品与技术。2004 年，中国加入了“核供应国集团”，接受了不向不接受全面安全保障的国家提供任何核两用品与技术的限制，这就大大束缚了此后中国和巴基斯坦等至今不加入《不扩散核武器条约》国家的民用核能合作，除了中巴之间的所谓“祖父条款”以外。①

至于在利比亚找到的所谓中国核武器设计复本的问题，西方情报界对此持低调态度，未像在其他敏感物项出口问题上一样对中国进行公开指责。其中可能有美国在 21 世纪第一个 10 年寻求同中国就国际反恐加强合作的需求，也可能由于中西政府间有效沟通的渠道已大为增强。当然这种指责也可能是捕风捉影。但即使是事实，也没有任何理由说明是中方直接向利比亚提供了设计蓝图并因此需要承担国际责任。

常规军技合作是中国与巴基斯坦“全方位”合作的重要方面，其核心包括导弹技术。主权国家之间进行导弹技术合作甚至导弹整件转移，只要双方情愿，本无可厚非。这在西方国家之间也经常发生，譬如美国就向英国提供“三叉戟”潜射导

---

① 沈丁立：“中国有望加入核供应国集团”，《瞭望东方周刊》2004 年第 21 期，第 18 页。

弹。但是，美国等国家发起了一项被称为“导弹及其技术控制制度”的非正式国际规范，它允许已具备导弹技术能力的国家继续进行发展，甚至相互间进行导弹转移，但限制其成员国向尚未具备特定导弹技术能力的国家进行导弹技术的转移。[①]

在20世纪90年代初中期，美国就所谓中国向巴基斯坦转移导弹及其技术的问题曾多次对华制裁。美国也曾因中国不断调整和改善在这个领域的出口管控政策而对华取消制裁。迄今，中国虽从不承认西方对我国的有关指责，[②] 但已就导弹技术出口规制做出符合国际要求的安排，甚至局部还超过了国际标准。中美也早就展开合作，就限制导弹技术的扩散发表声明，并就中国遵守并可能最终加入“导弹以及技术控制制度”进行对话。但中美之间的这些合作肯定有碍中国与巴基斯坦之间的军技交流，它是中国为了更大的国家利益而作出的适合时代要求的调整。当然中巴安全合作还可以在其他军事领域，如舰艇建造、军机开发与转让等方面取得深化。

三、新世纪的中巴战略合作

对中国和巴基斯坦是否在敏感的军用核技术与导弹技术方面进行过合作，笔者既无能力予以证实，亦无可能根据自己掌

---

① 刘宏松：《国际防扩散体系中的非正式体制》，上海人民出版社2011年版。

② 还需要再次指出，在学术上这不能作为事实没有发生或已经发生的依据，只能作为官方某一时刻的立场宣示。

握的情况予以否认。笔者相信，随着中国日益参与广泛的地区与全球合作，即使过去有过这样那样的双边转让，可目前这种转移的门槛已大为提高，因为中国已颁布诸多相关法令，加强了相关出口的控制。这不只是为了改善与美国的合作而进行调整，更多地是基于自身更为广泛的国家利益而作出的自觉行动。

在导弹问题上，中国已接受新版“导弹及其技术控制制度”的原则与参数，并经由与美国的谈判接受了对相关参数所确定的对可转移的导弹本性能力的限制。因此，中巴两国目前在这个领域已经不可以在超出有关限制的范围内继续合作。当然，巴基斯坦可能也不再那么需要同中国合作，其独立开发的几型弹道导弹已使它获得了更有竞争力的导弹威慑。

在核问题上，中国已于 2004 年加入“核供应国集团”，已经接受此后不向任何不加入《不扩散核武器条约》的国家，即印度、巴基斯坦、朝鲜以及以色列，进行任何民用核能合作的国际合作。但是，此后中国与巴基斯坦政府共同发表的一些联合声明等文件，也经常提及中巴继续进行核电合作。[①] 在表面上，这有违中国作为成员国对“核供应国集团”的承诺，不仅可能有损中国负责任大国的国际形象，而且未必能真正实现对巴基斯坦的民用核能技术与设施的转移。

其中的关键是为了吸引中国加入“核供应国集团”，中美

① “中华人民共和国与巴基斯坦伊斯兰共和国联合声明”，北京 2006 年 2 月。其中第 12 条称，“双方对恰希玛核电站一期工程的运行以及二期的开工和建设表示满意，同意继续加强在和平利用核能方面的合作”。又见“中华人民共和国与巴基斯坦伊斯兰共和国联合声明”，伊斯兰堡 2006 年 11 月。其中第 17 条称，“双方还同意根据上述框架协议加强在矿物燃料、煤炭、水电、核电和可再生能源等能源领域以及采矿和资源领域的全面合作”。

可能取得共识。对于中国在加入之前已向巴基斯坦承诺的未来将向巴提供的若干民用核能设施，主要是恰希玛核电站的二期工程，美国接受它们可不受“核供应国集团”规则的限制，即“新法对既往承诺不作制约”。[①]

相伴的问题有三个。第一，这个中美“共识”是否真的存在？为什么同一个小布什总统，在他第一任期时欢迎中国加入“核供应国集团”，而在其第二任期时美国政府的一些高官却予以否认？这个“共识”是否具有书面文件可资证明？第二，若有，内容如何？中国和巴基斯坦究竟有多大的民用核能合作计划需要在中国加入了“核供应国集团”后继续实施？恰希玛二期究竟有两个还是有更多的反应堆？第三，即使美国单方面向中国作出过这样的承诺，但由于“核供应国集团”采取的是共识制议事方式，即所有成员平等投票，而且一票否决，那么中美怎可预设它们必能说服所有其他成员国接受中国在加入“核供应国集团”后在对巴基斯坦的民用核出口行为上不守规则？[②]

美国奥巴马政府上台后，对以上问题的立场没有根本改变，即提醒中国必须得到“核供应国集团”的一致同意，而这又是极为困难的。但巴基斯坦方面近来表示，恰希玛核电站二期工程的三号、四号核反应堆可由巴方自行建造，只要中国提

---

① 这也被称为“祖父条款”（grandfather clause）。

② Mark Hibbs, “Pakistan Deal Signals China's Growing Nuclear Assertiveness”, April 27, 2010, http://www.carnegieendowment.org/publications/index.cfm? fa = view&id = 40685; “The Breach”, *The Foreign Policy*, June 4, 2010. http://www.foreignpolicy.com/articles/2010/06/04/the_breach; “China, Pakistan, and the Nuclear Supplies Group”, June 17, 2010. http://www.carnegieendowment.org/publications/? fa = view&id = 41027（均于2011年5月1日网上查证）。又见Glenn Kessler, “Washington objects to China-Pakistan nuclear deal”, *The Washington Post*, June 14, 2010。

供项目资金即可。如果美国和“核供应国集团”的其他成员能就此达成一致，那将是中巴民用核合作与国际社会的一次妥协。

中国和巴基斯坦这两个主权国家的经济与安全合作正更多地受到美国以及国际社会的某些其他国家的注视与限制。由于中巴也在同广大的国际社会发展各种联系，它们受多元利益的制约也在经常调整各自在一些国际问题上的立场。譬如，中国在地区、多边和国际问题上的利益，正经常性地要求它调整某些双边关系，反之亦然。中国在对外民用核出口和导弹双用技术出口等问题上受到多边限制，正逐步接受某些限制并将此称作承担国际责任。这种现象已经并将继续作用于中国与巴基斯坦的关系，同时要求这一关系中的一些传统的战略成分作出调整，以适应时代以及两国新的需要。

首先需要对战略这一概念做再定位。在一个全球化和愈益相互依赖的国际环境中，战略作为生存和安全的智谋需要重新定位，它应该日益成为国家提高综合能力的一套思想和组织落实。恰恰在这个问题上，当前巴基斯坦所缺少的是国家的稳定与现代化发展。中国作为巴基斯坦的真诚兄弟，我们发展中巴双边关系应该逐渐远离地区均势的传统思维，转而协助朋友发展经济民生、促进制度建设、推进现代化与传统文化的有机结合，使巴基斯坦进入一个内求发展、外促和谐的更有活力的状态。

在这方面，中国已经有很多经验。中国自身经济改革就是走了一条创新之路，即在仍然面临国家分裂威胁的环境下，将

位的战略合作伙伴。2011 年是中巴建交 60 周年，也是两国领导人宣布的“中巴友好年”，两国战略合作伙伴关系的发展正处于继往开来的新起点上。

一、中巴两国的相互认知

自 20 世纪 60 年代以来，巴基斯坦政府和人民经常把中国或中国人民称为“好朋友、好兄弟”。2006 年 11 月，胡锦涛主席访问巴基斯坦期间，在巴总统和总理两人的陪同下，向巴各界人士发表重要演讲时特别强调，中巴两国是“真正的好邻居、好朋友、好伙伴、好兄弟”，引起在座的 2000 多名巴各界人士的强烈反响和共鸣。[①] 此后，巴基斯坦方面也一再发表类似的表述。[②] 这是对中巴双方相互认知的高度概括，反映了两国人民期盼世代友好的心声，体现了中巴关系的精髓。中巴双方相互认知的一致性成为两国战略合作伙伴关系的精神基础。

（一）地缘上，是和谐相处的好邻居

中巴边界线 599 公里，两国人民的友好交往源远流长。早

① 胡锦涛：“弘扬传统友谊，深化全面合作”——在伊斯兰堡会议中心的演讲，《人民日报》2006 年 11 月 25 日。

② 最近一次见于巴基斯坦驻华大使马苏德·汗 2010 年 12 月的一次谈话，“China-Pakistan trade could exceed ＄15b target”，*China Daily*，December 14，2010。

在2000多年前，“丝绸之路”就开启了双方经贸往来和文化交流。以后，中国的法显、玄奘等高僧跋山涉水，远赴巴基斯坦求学取经，巴基斯坦的那连耶舍、阇那崛多等高僧也不远万里来到中国专事译经，成为中巴友好的使者。中巴建交后，两国睦邻友好关系进入一个新的发展阶段。1963年3月，中巴双方本着公平合理、互谅互让的精神签订了《关于中国新疆和由巴基斯坦实际控制其防务的各个地区相接壤的边界的协定》，正式划定和标定了两国之间的边界。从地缘战略环境看，巴基斯坦独立后，东与印度有克什米尔之争，西同阿富汗有“杜兰线”纠纷；新中国成立后，相对其他地区大国，其周边环境是最为复杂的。令人欣慰的是，中巴边界协定的签订和生效表明了两国保持世代友好的决心，从此两国边境地区一直处于祥和与安宁的状态。对中巴双方而言，两国互为最好邻居，双方边界是一条最为放心、最为稳定和最为安全的边界。

（二）政治和外交上，是相互支持的好朋友

长期以来，中国始终支持巴基斯坦为维护主权、独立和领土完整所做的努力，支持巴方为促进地区和平与稳定发挥重要作用，高度赞赏巴方在国际反恐斗争中所做的重要贡献，并一再呼吁国际社会充分认识巴方在国际反恐中付出的沉重代价。巴基斯坦则一贯奉行一个中国政策，全力支持中国和平统一大业；在中国重返联合国、中美恢复邦交、中国拓展与伊斯兰国家关系等方面，起到了独特的推动作用；在攸关中方核心利益的涉台、涉藏、涉疆、人权、打击“三股势力”等问题上，坚持原则立场，仗义执言，在国际舞台上与一些反华势力进行斗争和较量，主动维护中国的国家利益和国际形象。此外，两国还经常就共同关心的重大国际、地区问题加强沟通，协调立场，密切合作。长期以来，中巴双方在政治和外交上互帮互助，既不附加任何条件，也从不谋求任何回报，是国际斗争中相互支持的好朋友，往往令国际社会称羡不已。

（三）双边关系中，是互利合作的好伙伴

政治上，中巴两国早在1996年就确定建立面向21世纪的全面合作伙伴关系，将近10年之后双方又签署了《中巴睦邻友好合作条约》，宣布发展更加紧密的战略合作伙伴关系，进一步明确了对两国关系的定位。在经贸领域，中巴两国2006年签署了《自由贸易协定》，有力地推动了两国经济发展和贸易增长，双边贸易额屡创历史新高。2010年，中巴双边贸易额达到86.67亿美元，同比增长27.7%，比协定签署当年增长165%，超过10年前2001年的6倍多。[①] 2010年12月温家宝总理访巴期间，中国投资贸易促进团同巴方签署了约100亿美元的经贸协议，充分显示出两国互利合作的巨大潜力。同时，

① 中华人民共和国商务部亚洲司：“2010年1—12月我国对亚洲国家（地区）贸易统计”，2011年1月30日，参见 http：//yzs. mofcom. gov. cn/aarticle/g/date/n/201101/20110107385479. html；http：//yzs. mofcom. gov. cn/aarticle/g/date/co/201002/20100206780494. html。

巴基斯坦还是中国在海外开展对外承包工程业务的重点市场。据中国商务部统计，截至2010年底，中国企业在巴基斯坦累计签订承包工程、劳务合作和设计咨询合同额198.7亿美元，完成营业额148.6亿美元。[①] 中巴在这一领域的合作既有利于中资企业“走出去”开拓海外相关市场，也有力地推动了巴基斯坦国内的经济建设和基础设施的改善，双方相得益彰。在安全方面，中巴两国有着数十年的安全与防务合作，其中包括军方高层互访、联合军演、人员培训和武器贸易；在非传统安全领域，巴方大力支持中国打击“东突”恐怖组织的斗争，两国还建立了反恐磋商机制，并举行反恐演习。

（四）面临重大挑战时，是患难与共的好兄弟

长期以来，无论国际风云急剧变幻，还是严重自然灾害骤然降临，中巴两国均风雨同舟。在20世纪70年代末苏联对阿富汗入侵、80年代末西方国家对中国制裁、90年代初美国对巴基斯坦制裁、“9·11”事件后南亚局势急剧变化等关键时刻，中巴两国不畏强权和挑战，携手互助，共克时艰。2008年四川汶川大地震后，巴基斯坦国家领导人亲自到中国大使馆慰问，表示“值此遭受灾难时刻，巴基斯坦和中国兄弟站在一起”。[②] 在这场救灾援助中，巴基斯坦是第一批向中国提供救援

① 中国驻巴基斯坦使馆经商处：“2010年中巴双边经贸合作简况”，2011年3月18日，参见 http：//pk. mofcom. gov. cn/aarticle/zxhz/hzjj/201103/20110307454921. html。

② “Pakistan assures full support to quake-hit China”, *Daily Times*, May 15, 2008; “Pakistan will stand by China: Gilani”, *Daily Times*, May 16, 2008.

物资的国家之一，并且动用了军用运输机，将其所有战略储备帐篷运往灾区。同样，2010 年巴基斯坦发生历史罕见特大洪灾以来，中国已累计宣布向巴提供约 2.5 亿美元的无偿援助，这是中国迄今向一个外国所提供的最大一笔赈灾援助。同时，中国还打破赴境外进行救援的常规，首次向巴大规模派遣医疗救援队，并首次动用直升机救援队赴巴救援。中方还表示，将继续在力所能及的范围内向巴提供援助，支持巴灾后重建努力。这些事例无不折射出两国政府和人民间“患难见真情”的兄弟般深厚的情谊。

二、中巴战略合作伙伴关系的特点

60 年来，中巴两国经过长期相互支持和密切合作，逐渐形成战略合作伙伴关系。这一关系既有着丰富的内涵，更具有鲜明的特点。

（一）战略性

从双边视角看，中巴两国高层互访频繁，高层交往密切，战略协调不断加强。巴基斯坦现任总统扎尔达里和总理吉拉尼已分别 6 次和 3 次到访中国，中国国家主席胡锦涛和总理温家宝也已分别访巴 1 次和 2 次。2011 年 12 月，中国和巴基斯坦决定建立领导人年度会晤机制和外长定期对话机制，以及时就双边、地区和国际重要问题交换看法，增强在地区和国际组织中的相互配合与合作。此外，中巴两国迄今还举行了 4 轮战略对话。从地区和国际层面看，中巴关系的战略涵义早已超出双边关系的范畴。中国正在快速崛起，即使在国际金融危机中逆势而上，仍继续保持着全球发展最快主要经济体的地位，在大国综合国力竞争中展现出后来居上的潜力。巴基斯坦是现代史上伊斯兰复兴运动的两大发源地之一，目前是唯一拥有核武器和人口第二多的穆斯林国家，“9・11” 事件后又处于国际反恐前沿，在伊斯兰世界中的地位举足轻重。显然，中巴关系有着广泛的地区和国际意义，对亚洲政治、经济、安全、区域合作乃至地区格局具有重要影响。

（二）全面性

无论是中巴建立面向 21 世纪的全面合作伙伴关系，发表“关于中巴双边合作发展方向的联合宣言”，还是两国签署《中巴睦邻友好合作条约》，宣布发展更加紧密的战略合作伙伴关系，其中都突出了“全面合作”的重点。而中巴之间的合作是全方位、多领域的，这主要表现在两个方面：其一，无论是在中巴两国政府及其各部门之间，还是在中国共产党和巴基斯坦各主要政党及党派之间，或者是在两国社会各界和民间团体之间，双方都在开展密切的交流与合作。据不完全统计，仅 2011 年 1—4 月，巴基斯坦方面就有参联会主席、身兼旁遮普省首席部长的穆斯林联盟（谢里夫派）总裁、外交秘书等军政要人以及百人青年团到访中国；中国方面则有中联部副部长、新疆维吾尔自治区政协副主席和百人青年代表团赴巴访问。[①] 其二，如前所述，中巴双方在政治、经贸、外交、军事、科技和文化等各个领域都在进行富有成效的合作。因此，中巴友好关系已成为不同社会制度、不同文化背景国家间友好合作的典范。

（三）稳定性

中巴两国无论国际风云变幻、形势错综复杂，一向相互理解、相互同情、相互信任、相互支持，经受住了各种严峻考验，因而被公认为是“全天候”的战略合作伙伴，具有独特的战略稳定性。其原因除了中巴双方相互认知的一致性外，还有法律基础和机制性的保障。2005 年 4 月，中巴签署《睦邻友好合作条约》，并于翌年 1 月互换批准书，标志着两国已完成国内全部法律程序，条约开始正式生效。诚如温家宝总理所言，该条约“将两国人民世代友好的愿望通过法律形式固定下来，使中巴战略合作伙伴关系法制化”。[②] 同时，为确保中巴关系长期稳定发展，两国在政治、经济、外交、国防和文化等领域构建了诸多合作机制和框架。如在经贸领域，两国之间既签署了

① 根据中国外交部和巴基斯坦外交部网站统计，参见 http：//www. fmprc. gov. cn/chn/gxh/tyb/和 http：//www. mofa. gov. pk。

② 李诗佳、吴定保：“巴基斯坦总统会见温家宝 表示加强协调合作”，《人民日报》2005 年 4 月 7 日。

《中巴自由贸易协定》和《中巴自由贸易区服务贸易协定》，同时双方自由贸易委员会（FTC）定期举行会晤，也有中巴联合经济委员会（JEC）和《中巴经贸合作五年发展规划》，以推动双方加强统筹规划，合理配置资源，促进双方经贸关系稳步发展。

（四）持久性

由于中巴两国老一辈领导人的远见卓识，双方历届政府对中巴关系均高度重视、辛勤培育、精心维护，致使中巴关系坚如磐石、历久弥新。早在20世纪六七十年代，中巴双方经过12年艰苦卓绝的努力，喀喇昆仑公路全程通车，从此两国之间的天堑变通途。这条世界上海拔最高的国际公路无异于现代“丝绸之路”，成为中巴友谊的纽带和象征。21世纪初，由中国提供援助、中巴双方共建的瓜达尔港顺利竣工，将一座名不见经传的小码头建成巴基斯坦第三大港口。这不仅有助于巴基斯坦西部落后地区的经济发展，而且可以作为中国等东亚国家转口贸易及中亚内陆国家的出海口，被誉为中巴两国友谊新的里程碑。为了让中巴年轻一代人传承两国友谊，2006年11月胡锦涛主席在访问巴基斯坦期间，提出今后5年内邀请500名巴基斯坦青年访华，巴基斯坦政府随后提出相应计划，此后每年两国百人青年代表团互访延续至今。如今，中巴友谊深入民心，发展中巴关系在两国有着广泛而深厚的民意基础。正如中国领导人所说，“中巴友好深深扎根在两国人民心中，融入了我们的血脉，成为一种崇高而坚定的信念，化为实实在在的行动”。[①]

三、中巴战略合作伙伴关系的发展前景

进入21世纪以来，世界形势处于大调整、大变局中，南亚地区形势也在发生重大而深刻的变化。但中巴战略合作伙伴关系建立在共同利益的基础上，有着深厚民意的基础，因而历久弥坚。巴基斯坦在发展国民经济、保持地区稳定、维护国家安全方面把中国看成最值得信赖的合作伙伴，将发展对华关系视为外交政策的基石，这已成为巴朝野各界和普通百姓的共识。对中国而言，巴基斯坦是维护西部边陲安全与稳定的战略屏障、推行南亚政策的重要支点、拓展中国与穆斯林国家关系的重要渠道以及开展国际斗争的坚定“盟友”。因此，同巴基斯坦发展战略合作伙伴关系是中国政府的既定政策。

展望未来，中巴之间不存在大的分歧和矛盾，但仍存在一些值得重视和需要尽早解决的问题。其一，近年来，中巴经贸关系虽发展迅速，但相较于两国经济规模、特别是两国的政治、外交和军事关系，仍显得不能相称，特别是还存在贸易长期不平衡的问题。兹以2010年为例，中国对巴出口69.38亿美

① 温家宝：“风雨同舟　共创未来”——在巴基斯坦议会的演讲，《人民日报》2010年12月20日。

元，从巴进口17.29亿美元，巴方贸易逆差高达52.09亿美元，创下历史新高，同比增长超过22%。1993—2010年，巴基斯坦对华贸易累计逆差达314亿美元，远远超过同期双边贸易总额的50%。[①] 其二，双方投资合作规模与两国经济实力也不相称。据中国商务部统计，2010年中方对巴基斯坦直接投资金额仅2609万美元，截至到2010年底，中方在巴直接投资总额为13.67亿美元。巴基斯坦对中国的投资更是微不足道，2010年巴对华实际投资570万美元，截至到2010年底，巴在华实际投资5738万美元。[②] 此外，在南亚外交方面，巴基斯坦与印度因克什米尔争端等问题积怨甚深，中国则推行中巴、中印关系并行不悖发展的政策。如何协调好这三方之间的关系，在印巴关系方面发挥建设性作用，消除来自印巴双方的疑虑，是中国当前南亚外交面临的重要议题。

2011年是中巴建交60周年，两国战略合作伙伴关系的发展已站在新的历史起点上。基于中巴相互认知的一致性和战略合作伙伴关系的特点，两国关系有着广阔的发展前景。从近期看，随着中巴建交60周年纪念日的到来，两国将在政治、经贸、军事、文化等领域举办一系列庆祝和纪念活动，促进两国人民在各个领域进行广泛交流与合作，进一步推动两国战略合作伙伴关系继续深入发展。从中长期来看，中巴《睦邻友好合

---

① 中华人民共和国商务部亚洲司："2010年1—12月我国对亚洲国家（地区）贸易统计"，2011年1月30日，参见：http://yzs.mofcom.gov.cn/aarticle/g/date/n/201101/20110107385479.html；中华人民共和国外交部："中国同巴基斯坦的关系"，2011年4月，参见：http://www.fmprc.gov.cn/chn/pds/gjhdq/gj/yz/1206_3/sbgx/。

② 中国驻巴基斯坦使馆经商处："2010年中巴双边经贸合作简况"，2011年3月18日，参见：http://pk.mofcom.gov.cn/aarticle/zxhz/hzjj/201103/20110307454921.html。

作条约》已规划了两国关系未来的发展方向。可以预见，今后中巴双方将以高层互访来进一步加强两国政治关系，以经贸和科技合作夯实两国关系持续深入发展的基础，以防务合作加重两国战略协作的分量，以民间交往使中巴友谊更加深入人心。

中国已故领导人邓小平曾说过："中巴友谊是永恒不变的。"巴基斯坦领导人也多次强调，巴中友谊"比喜马拉雅山高、比阿拉伯海深、比蜜还甜"。我们深信，中巴两国政府和人民将共同努力，以建交 60 周年为契机，进一步弘扬传统友谊，继续拓展务实合作的广度和深度，不断巩固、深化和提升中巴战略合作伙伴关系，使之从此进入一个新的历史发展阶段。

巴基斯坦的战略地位与中巴关系的未来

张贵洪*

［内容提要］巴基斯坦在中国的周边环境和外交中具有重要的战略地位。作为中国通往西亚和中东的重要桥梁与南亚地区战略平衡和稳定的重要角色，巴基斯坦对中国具有独特的商业、安全和战略价值。中巴关系的未来发展一方面取决于政治外交、经济贸易、军事安全和人文交流这四个方面的内在发展，同时受到印度和美国这两个外部因素的影响。巩固和发展中巴全天候战略合作伙伴关系是两国共同的战略选择。未来几年，双边贸易和投资将有较快增长，两国的民间交流和文化关系有望得到较大发展，在地区多边组织和机制中的合作也将进一步得到加强。

* 张贵洪，复旦大学国际问题研究院副院长、教授。

一、巴基斯坦的战略地位

中国国家主席胡锦涛曾在访问巴基斯坦时称中国和巴基斯坦是“真正的好邻居、好朋友、好伙伴、好兄弟”。[①] 巴基斯坦总统扎尔达里则在《中国日报》撰文指出：“或许没有哪两个主权国家之间的关系，可以像中国与巴基斯坦之间一样独特和持久。”[②] 中巴全天候、全方位战略合作伙伴关系既反映了过去的经历、现在的状况和未来的需要，也是由巴基斯坦的战略地位决定的。

第一，巴基斯坦是中国的邻国。邻国是不能选择或改变的地理现实。中国有 14 个陆上邻国。巴基斯坦地处南亚、中亚和西亚的交汇处，地理位置十分重要，是中国西北边陲的主要邻国，对中国具有重要的商业、安全和战略价值。和平相处是一个国家周边政策的基本目标和选择。自 1951 年两国正式建交以来，双边关系稳定发展，经受了国内政治和国际关系风云变化的各种考验，成为相邻国家和大小国家之间关系的典范。

第二，巴基斯坦是中国发展与伊斯兰国家关系的重要桥梁。巴基斯坦是个穆斯林国家，这为中国在阿拉伯世界的外交

---

① 胡锦涛：“弘扬传统友谊 深化全面合作”——胡锦涛在伊斯兰堡会议中心的演讲，2006 年 11 月 24 日。

② Asif Ali Zardari，“Sino-Pakistan relations higher than Himalayas”，*China Daily*，February 24，2009.

保留了一个顺畅的通道。伊斯兰国家主要位于西亚和北非，人口13亿—15亿，约占世界人口的1/5。拥有丰富石油资源和存在大量内部冲突又相对封闭的伊斯兰国家并没有得到外部世界很好的理解和正确的对待。中国致力于与伊斯兰国家建立稳定、长期和友好的关系，这不仅是出于商业利益的考虑，更多的是为了更好地相互理解和支持。巴基斯坦是与中国建交的第一个伊斯兰国家，也是唯一与中国相邻的伊斯兰国家，巴基斯坦可以在中国与伊斯兰国家之间的交流中发挥重要的桥梁作用。

第三，巴基斯坦拥有核武器。1998年，作为对印度核试的回应，巴基斯坦也进行了核试验。中国反对南亚地区的核武化，因为这不符合中国的利益，更因为中国认为从长远来看核武器并不是印度和巴基斯坦安全的可靠保证。但中国也接受巴基斯坦和印度成为自己的核邻居，从而构成世界上唯一的核三角的事实。中国希望印巴两国能采取有效的核信任建立措施，避免冲突的升级。同时，两国应确保其核设施的安全，防止核材料和核技术扩散到其他国家和非国家行为体。在中国看来，印度和巴基斯坦的防扩散义务与和平利用核能的权利应同等和同时得到考虑。

第四，巴基斯坦是南亚地区战略平衡和稳定的重要角色。巴基斯坦是南亚地区在规模和力量上仅次于印度的国家。南亚地区内外的多数国家愿意看到南亚形成一种平衡的结构。中国认识到有必要和可能在继续保持与巴基斯坦传统友好关系的同时，积极发展与印度的全面关系。中印关系的改善不必以损害中巴关系为代价，同样良好的中巴关系也不应成为改善中印关系的障碍。

第五，巴基斯坦的地理位置对中国具有重要的商业和战略价值。巴基斯坦与中东和中亚相邻，接近波斯湾，面对阿拉伯海，这种独特的地理位置为中国进入这些地区提供了便利。中国和巴基斯坦的公路、铁路和管道建设项目一旦建成，就可以减少对从印度经马六甲海峡到南中国海的海上航道的依赖，从而极大地改善中国从中亚和波斯湾进口油气的运输安全。从新疆往西南经巴基斯坦到伊朗是中国陆路通往西亚和中东的最近路线。无论是谈判中的伊朗—巴基斯坦—印度—中国天然气管道，还是拟议中的中国—巴基斯坦—伊朗东西亚洲大陆桥和中国—尼泊尔—印度—巴基斯坦南亚大陆桥，无疑都具有重要的经济现实意义和军事战略价值。

第六，巴基斯坦对于中国限制和打击境外恐怖与分离势力具有重要的作用。巴基斯坦是境外恐怖主义和分离势力在中亚、南亚、西亚和中国西北地区进行活动的重要纽带。一些恐怖组织和分离势力在海外包括巴基斯坦建立基地、进行训练，然后在中国新疆和西藏等地组织和实施一系列恐怖活动，如爆炸、暗杀、纵火、投毒、袭击等，严重损害了中国西北地区的安全和稳定。中国需要巴基斯坦的帮助、支持和合作以阻止这些恐怖主义活动。近年来，巴基斯坦陆续取缔了被武装分子用来作为训练基地的维吾尔居住区和宗教学校。[①] 为了加强应对

① Ziad Haider, "Clearing Clouds Over the Karakoram Pass", *Yale Global Online*, March 29, 2004.

恐怖主义、维护地区和平与稳定的能力，中巴两国举行了代号为“友谊—2004”、“友谊—2006”和“友谊—2010”的三次联合反恐军事演习。通过对国内伊斯兰极端主义的有效打击，巴基斯坦有效地控制了本国局势，也有利于中国的西部安全。

第七，巴基斯坦的人口规模、地理优势和资源特点使中巴贸易和投资合作有很大的潜力。2006 年，中巴签署《自由贸易协定》并于 2007 年开始实施。2009 年又签订《自由贸易区服务贸易协定》，这是迄今为止中巴两国各自对外国开放程度最高、内容最全面的自贸区服务贸易协定，进一步促进了中巴贸易发展。2010 年，中巴双边贸易额达 86.7 亿美元，中方对巴直接投资金额为 2609 万美元，中国企业在巴新签承包工程合同额 13.77 亿美元。[①] 中国是巴基斯坦的第二大贸易伙伴，同时是巴基斯坦最大的商品尤其是日用品的提供者，也是巴基斯坦基础设施建设的最大工程承包国，双方共同建设的喀喇昆仑公路、恰希玛核电站、瓜达尔港等工程是这种合作的集中体现。巴基斯坦是划分世界东西的战略要地，有利于中国企业实施海外投资，从长远看是中国通往中东、非洲、中亚甚至欧洲的捷径。中国的资本和技术可以投入巴基斯坦的一些出口行业，将出口目标定在邻国和海湾地区。巴基斯坦棉花、石油、天然气、矿物、宝石和药用植物资源丰富，纺织、石油与天然气、电信、化工、仪器加工、建材、汽车及汽车配件、海产品、电子和信息技术等可以成为中国投资的重点领域。

---

① 中国驻巴基斯坦大使馆经济商务参赞处，http：//pk. mofcom. gov. cn/static/column/zx-hz/tjsj. html/1。

第八，巴基斯坦的国内状况值得中国持续关注。近年来，巴基斯坦国内局势不稳定，政局、反恐、核安全、印巴紧张关系等引起国际社会包括中国的关注。巴基斯坦境内的恐怖主义事件和武装分子的犯罪活动，特别是发生在俾路支省和部族地区的绑架和袭击中国工程师的事件使人们担心中国赴巴人员的安全能否得到保证。极端分子和分离分子在新疆制造的暴乱也需要两国政府加强合作，对巴基斯坦北部吉尔吉特—巴尔蒂斯坦（Gilgit-Baltistan）地区与中国新疆地区之间的人员往来加强控制。从长远来看，巴基斯坦需要通过加强民主制度、法治、善治、经济改革和社会进步等提高国家建设的水平，这样才能实现长治久安。

第九，巴基斯坦与印度的关系是中国在南亚持续关注的重点。南亚是世界上最不稳定和不发达地区之一，这里有大量冷战遗留下来的问题。印巴之间的对立是有可能给中国西南地区带来不稳定的不确定因素。中国希望南亚这两个最大的国家能尽早和解。作为南亚地区最大的具有优势地位的国家，印度有更大的责任为南亚地区的稳定作出贡献。同时，巴基斯坦也应通过与印度的直接对话，减少南亚地区的不稳定因素。

第十，美国在阿巴边界地区开展的反恐行动使南亚地区局势更为复杂。与中国不同，美国发展与巴基斯坦的关系更多地是出于短期和安全的角度考虑。对美国来说，只有当它的国家利益受到威胁时，巴基斯坦的战略地位才显得非常突出，正如20世纪50年代的反共、80年代的反苏，“9·11”事件以后的反恐一样。美国在该地区的军事行动和军事存在使巴基斯坦国内以及整个南亚的局势更为复杂。

二、影响中巴关系未来发展的主要因素

中巴关系主要体现在四个方面：政治外交关系、军事安全关系、经济贸易关系和民间交流与文化关系。中巴关系的未来发展一方面取决于这四个方面的内在发展，同时受到印度和美国这两个外部因素的影响。

其一，政治外交关系的基础能否得到夯实。冷战时期，中巴建立和发展全天候的伙伴关系。20 世纪 50—60 年代，中国受到西方国家的封锁，巴基斯坦成为中国与外部世界联系的重要通道；60 年代后期和 70 年代初期，巴基斯坦是中美关系解冻过程中的重要渠道；在台湾地区、西藏和人权等问题上，巴基斯坦始终给予中国积极的支持。冷战后，中巴关系经受了一系列国际地缘战略变化的考验，包括中印关系的改善、苏联的解体、印巴核试验和卡吉尔冲突、“9·11”事件后巴基斯坦成为反恐前线国家和奥巴马政府的“阿富巴”战略、美印的战略接近等。中巴政治外交关系的基础能否得到夯实取决于三个因素：利益、价值和机制。共同利益是两国关系发展的基础，中国和巴基斯坦的共同利益能否从安全利益更多地拓展到经济利益，从双边延伸到地区和全球，从政府扩大到民间，对于政治外交关系的发展至关重要。共享价值是两国关系持久的基础，

中国和巴基斯坦实行不同的政治制度、意识形态和宗教信仰，但如果能在国家建设、社会发展、民生保障等方面分享共同的价值，政治外交关系则会更加紧密。共有机制是两国关系稳固的基础，中国和巴基斯坦两国的领导人和民众都有继续加强两国关系的强烈愿望，如果能把两国的交流和合作机制化，那么政治外交关系将会变得更加牢固。

其二，军事安全关系的空间能否得到拓展。长期以来，中巴之间有着紧密的军事安全合作关系，双边高层次军事合作、情报交流和军队高层领导人的定期互访频繁。作为巴基斯坦武器装备最可靠和主要的供应者，中国与巴基斯坦分享先进的军事技术，从而对巴基斯坦军事能力的提高提供了极大的帮助。双方还从2002年开始举行防务和安全对话，开展联合军事演习。这些双边合作符合两国的利益和战略，是非常必要的。但是，如果中巴军事安全关系能够得到进一步拓展，如加强在非传统安全领域（反恐、打击海盗和走私等）的合作，开展海上军事合作，尝试与包括印度在内的周边国家进行多边安全合作，在防扩散、军备控制和裁军等问题启动对话，加强核安全措施，探索建立南亚地区安全机制等，那么中巴军事合作就能得到印度和其他国家的理解。

其三，经济贸易关系的潜力能否得到发挥。过去10年，中巴双边贸易增长了6.2倍，巴基斯坦是少数几个与中国签署自由贸易协定的国家之一，但贸易不平衡是一个问题，中国对巴基斯坦的贸易顺差逐年扩大。与中巴政治和安全关系的水平相比，双边经贸关系的潜力还没有得到真正的挖掘，特别是在能源、金融、交通基础设施建设等领域的互利合作还有待拓展。中国曾在巴基斯坦就利用核技术发电开展合作，但2004年中国加入“核供应国集团”后，新的合作已经停止。巴基斯坦提出与中国签署类似印美民用核协议的合作协定，但对中国来说还有困难。中国与巴基斯坦在空间技术、铁路、油气管道和水坝建设方面的合作潜力巨大。目前，有120个中国公司和项目、1万名中国工程师、技术人员和工人在巴基斯坦，但由于对巴基斯坦政治稳定、法律和秩序、基础设施及政策连续性的担忧，中国对巴基斯坦的直接投资远没有达到应有的规模。相比较而言，东南亚地区的印度尼西亚和马来西亚对中国的投资更有吸引力。此外，“如果没有相互之间文化上的理解，巴基斯坦和中国之间建立可持久的商业关系是很困难的”。①

其四，民间交流和文化关系的机制能否得到建立。民间交流和文化关系是中巴关系较为薄弱的一环。中国民众对巴基斯坦的了解较为单一和狭窄，而巴基斯坦民众对中国有强烈的好感，但真正的了解、接触和交流非常有限。“在普通民众仍把中国视为可靠的朋友的同时，中巴关系的持久性不再成为外交政策公共讨论的中心。”② 贸易可以促进民间交流和文化关系，因为贸易不仅仅是商品跨国界的流动，还伴随着思想、文化、信仰和信息的交流。贸易是属于不同文化和价值体系的人们彼此了解和熟悉对方文化环境的重要途径。“丝绸之路是古代中

---

① Lutfullah Mangi, “Pakistan and China: An Excellent Model for Relations between Neighboring Countries”, *Contemporary International Relations* (Beijing), Vol. 20, No. 6, 2010.

② Samina Yasmin, “China and Pakistan in Changing World”, in Santhanam and Srikanth Kondapalli, *Asian Security and India 2000 – 2010*, SP Shipra, New Delhi, 2005, p. 315.

巴关系的动脉，也是今天中巴关系的动脉。”① 但更重要的还是文化交流本身，这需要建立一种长期和常态化的交流机制，其中一个重要的领域是教育和学术交流。近年来，巴基斯坦政府在清华大学、北京大学、复旦大学和四川大学设立了巴基斯坦研究中心，资助中国青年学者和学生赴巴基斯坦学习语言和文化，邀请中国大学代表团访问巴基斯坦，在巴基斯坦成立中国研究中心和项目。中国政府已承诺在未来3年为巴基斯坦学子提供500个政府奖学金名额。2011年，100名巴基斯坦高中生应邀赴华参加汉语桥夏令营。双方已连续5年开展百名青年互访活动。这些工作和努力必将对两国的民间交流和文化关系产生长远和深刻的影响。

除了上述四个方面，在中巴关系中，印度是一个无法避开的外部因素，这是由历史、地缘、战略等因素决定的。一方面，中巴关系仍以政治安全关系为主，经贸和文化关系非常有限；另一方面，中印关系以经济贸易为重，政治和安全关系发展相对滞缓。巴基斯坦和印度在中国的周边外交中具有各自的地位、价值和意义，因此中国努力寻求在继续维护与巴基斯坦传统战略关系的同时，积极发展与印度的全面伙伴关系。但在印巴关系得到根本改善之前，印度对中巴合作总怀有猜疑。许多印度官员和学者仍从均势的角度看待和处理中印巴关系，对中国能否言行一致和放弃“巴基斯坦牌”持保留态度，并认为三国之间的关系依然是高度关联的。一位印度分析家甚至指

① 巴基斯坦驻华大使马苏德·汗于2011年4月22日在清华大学巴基斯坦文化传播研究中心的发言。

出："当印度希望'包围'巴基斯坦（印度的直接对手）和'遏制'中国（印度的长远安全威胁）时，中国和巴基斯坦也在追求相似的目标，即战略上'挤压'印度。"[①] 印度对中巴之间正常的经济关系、军事交流和安全合作进行过分解读，把中国与其他南亚国家不断改善的关系误读为是针对印度的"珍珠链"，这不利于中印之间建立互信。许多美国学者也持相同的看法，如传统基金会的丽莎·克提斯（Lisa Curtis）就认为："中国推动与巴基斯坦的关系的主要目的是遏制印度在本地区的力量。"[②] 事实上，最近10多年来，中国的南亚政策更趋平衡，同时发展与印巴两国的伙伴关系，在印巴关系和克什米尔问题上，中国采取更为中立的立场，支持印巴通过双边谈判而不是军事力量解决克什米尔冲突。中国欢迎印度的崛起，支持印度在亚洲和全球事务中发挥更大的作用，但也希望印度首先能为南亚地区的稳定和发展作出更积极的努力和更有建设性的贡献。中国在印美民用核协议和印度入常问题上的立场和政策是基于国际防扩散原则和联合国安理会改革的精神。在以和平、发展、合作为主题的中国外交中，没有必要利用巴基斯坦平衡印度的力量，作为一个力量不断上升、影响不断扩大的地区性大国，印度的发展也是不可能被遏制的。

此外，影响中巴关系的外部因素还有美国。巴基斯坦对中国和美国都具有重要的战略价值。但中国是巴基斯坦的"全天

---

① Rahul Bedi, "China and the South Asia Circle", *Asia Times*, April 29, 2003.

② Lisa Curtis, "China's Military and Security Relationship with Pakistan", Testimony before the U. S. -China Economic and Security Review Commission, May 20, 2009, http://www.heritage.org/research/testimony/chinas-military-and-security-relationship-with-pakistan.

候”朋友，可以在困难时刻无条件地提供不间断支持。相对而言，美国是只适用于“好天气”的朋友，在需要巴基斯坦的帮助时才提供支持和援助。在南亚地区，印度和巴基斯坦是两个主要国家，中国和美国是影响南亚事务的两个主要大国，这四个国家形成了几个重要的双边关系，但尚未形成有良好互动的三边或四边关系。就像巴基斯坦理解中国和印度扩大联系的必要性一样，中国也理解巴基斯坦和美国加强合作的必要性。事实上，美国可以成为中巴关系的积极因素，中、美、巴也可以在多个领域开展合作。如：在反恐和地区安全问题上，巴基斯坦可以提供独特的帮助；在国家建设上，中、美两国有能力帮助巴基斯坦转型，实现稳定、发展和民主；在核能和核安全方面，中、美、巴三国也有合作的潜力和空间。

三、中巴关系的发展趋势

近年来，中巴关系在政治外交、经济贸易、军事安全、民间交流和文化关系等方面都保持稳步上升的发展势头。两国领导人也保持着密切交往的传统，近5年中国国家主席胡锦涛和总理温家宝都访问了巴基斯坦。自2008年担任巴基斯坦总统以来，扎尔达里已6次访华。

中巴双边全天候和全方位战略伙伴关系将继续得到维护。两国在绝大多数的地区和全球问题上的立场基本一致，在政治、经济和安全领域没有利益冲突，双方在涉及各自核心利益的重大问题上相互理解和支持。“巩固和发展中巴全天候战略合作伙伴关系是我们共同的战略选择，符合两国和两国人民的根本利益，有利于促进本地区乃至世界和平、稳定与发展。”①

民间交流和文化关系有望得到较大的发展。两国领导人都认识到扩大人文领域交流的必要性和重要性，因此将加强社会各界特别是青少年友好交往，扩大文化、教育、卫生、新闻等领域的交流合作。两国政府将资助、鼓励和支持更多的交流项目和合作活动。此外，中国政府还可以适当放宽政策允许巴基斯坦志愿者到中国的乡镇工作，鼓励和推动文化交流和学术合作，在巴基斯坦的大学建立更多的中国语言和文化中心，开展中国问题研究，同样在中国的大学和学院开展巴基斯坦问题研究。“两国之间的文化交流和民间接触也许会给地区关系带来新的景象。”②

中巴将继续加强反恐合作，打击“三股势力”，因为这符合两国和两国人民的根本利益，有利于维护地区的和平、稳定与安全。中巴都是恐怖主义的受害者，特别是巴基斯坦处在国际反恐斗争的前沿，并为此付出了巨大牺牲，作出了重要贡献。国际社会要给予充分肯定和大力支持，切实尊重巴基斯坦自主选择的发展道路。中国的立场非常明确，即反恐斗争不能与特定的宗教和民族挂钩，不能搞双重标准，应该标本兼治，致力于消除产生恐怖主义的根源。

① 温家宝：“风雨同舟 共创未来”——温家宝在巴基斯坦议会的演讲，2010年12月19日。

② Fazal Hakim, “Spellbinding Visit to China”, *Pakistan Observer*, May 7, 2009.

中巴将积极探讨扩大双边贸易和投资的新途径、新方式。两国正努力培育新的贸易增长点，加强在能源、交通、通信、基础设施建设等领域的合作；加强金融合作，进行货币互换，中方欢迎巴方充分利用双边自由贸易协定的优惠措施，扩大对中国的出口，巴基斯坦则同意中国工商银行分别在伊斯兰堡和卡拉奇开设分行；两国还可以分享农业发展经验，提高农业生产水平。

中巴将继续在地区和国际事务中加强协调和配合，特别是在地区多边组织和机制中的合作将进一步得到加强。中国对巴基斯坦成为上海合作组织观察员国给予了大力支持，同样巴基斯坦也积极推动中国成为南亚区域合作联盟观察员国。两国领导人多次在“亚信”峰会、博鳌亚洲论坛等本地区多边场合见面。中巴在联合国改革、实现千年发展目标、应对气候变化、保障粮食与能源安全等重大国际问题上有着共同利益和广泛共识，在多边组织和机制中的协调将进一步丰富两国关系的内容，并提升两国合作的水平。

中巴友好 60 年：深层次的战略合作伙伴关系解读

郑义炜*

［内容提要］中国与巴基斯坦建交 60 年来，已发展成为全天候、全方位的战略合作伙伴关系。中巴友谊的稳固关键在于其国家间关系是深层次的互信合作，主要体现为三个方面：战争时期的患难与共、国内局势变化与国际压力加剧下的不离不弃以及高级政治领域密切的军事合作。正是中巴关系这种深层次的战略合作性质，使其经受住了一次又一次的艰难考验，保证了这一友好关系的延续与发展。

中国与巴基斯坦是全天候、全方位的战略合作伙伴关系。

* 郑义炜，复旦大学国际关系与公共事务学院博士生。

自从两国1951年建交以来，特别是20世纪60年代后，不管国际风云如何变幻，中巴友谊都经受住了多重考验，两国在和平共处五项原则的基础上不断深化发展睦邻友好和互利合作关系，不断把两国关系提升到更高的阶段。相比中巴之间经贸合作与文化交流的良性发展，更能深度反映中国与巴基斯坦之间特殊友好关系的是以下三个方面：战争时期的相互支持，国内政局变化、领导人变换与国际压力加剧时友好关系的稳固，以及高级政治领域中双方持续的军事合作。在国际政治领域，经济关系紧密而双边政治关系并未达到相应高度的“政冷经热”现象比比皆是，因而探讨两个国家之间的关系如何，还是要看双方在危难时期对方的态度与实际的行动，以及愿意为此付出的代价。总体来看，当前中国与巴基斯坦之间的友好关系是经过长期考验而形成的。

一、中印边界战争、巴印战争与美国反恐战争时期中巴友好关系的深化

中巴两国于1951年5月21日正式建立大使级外交关系。在1955年万隆会议上，周恩来总理会晤了巴基斯坦总理阿里，并于次年访问巴基斯坦，为中巴关系的发展奠定了基础。事实上，在20世纪60年代之前中巴关系曾有起伏，两国外交政策上也时有分歧。然而1961年之后，两国关系迅速走上正轨并

不断迈向成熟。是年，巴基斯坦在联大会议讨论恢复中华人民共和国的联合国席位提案上投了赞成票，并在接下来的中巴边界划分谈判中与中方达成了原则性协议，为中巴之间边界问题的彻底解决打下了良好基础。然而，中巴国家间关系保持稳定并迅速发展，却是在中印边界战争以及第二次巴印战争之后。

（一）1962年中印边界战争的爆发与中巴关系的历史性转折

由于边界领土争端，中国与印度在1962年爆发了边境战争。中国虽然取得了战争的胜利，但中国的愿望是维护边境的和平稳定，把尼赫鲁政府拉到谈判桌上来，并不指望以战争解决问题。[①] 然而中印战争结束后，双方关系还是出现了持久的裂痕。这一方面是由于印度始终没有诚意与中国谈判解决边界问题，致使两国边界问题一直阻碍国家间关系的进展；另一方面也由于印度在南亚推行扩张政策，想要独霸一方，对巴基斯坦以及周边国家如尼泊尔等恃强凌弱。当时，中国与印度在南亚问题上存在分歧，中国与巴基斯坦的友好关系事实上也有平衡印度独霸南亚政策的因素，旨在维护巴基斯坦以及南亚的和平与稳定。1964年，周恩来总理应邀访问巴基斯坦，是年12月巴基斯坦总统阿尤布·汗访华，揭开了中巴之间高层互访的序幕。

---

① 孙士海、江亦丽主编：《二战后南亚国家对外关系研究》，方志出版社2007年版，第126—127页。

（二）巴印战争时期中国对巴基斯坦的坚定支持

巴基斯坦与印度在1947年依据“蒙巴顿方案”分治之后，双方矛盾仍然没有得以缓解，其中既牵涉到印度教徒与穆斯林之间历史上长期的积怨，也与次大陆分治过程中的仇恨相关，最终在克什米尔地区归属问题上还演变成一场激烈的武装冲突。1965年9月6日，印度军队跨过边界开始进攻巴基斯坦领土，第二次巴印战争爆发。随着战局的发展，印度从侧翼直捣巴基斯坦的拉合尔，截断了巴军后路。巴军从克什米尔撤出兵力，集中全力守御拉合尔。由于苏联给予印度大量的经济与军事援助，印度拥有大量的军机与坦克，而美国则对巴印双方都实行了停止任何军事援助的政策。但美国驻印大使声称：“美国同情印度，并且接受关于印度遭受巴基斯坦侵略这一看法。”[①] 巴基斯坦的处境实际上非常不利。

然而在所谓“世界抛弃了巴基斯坦”的情况下，巴基斯坦还有一个最重要的依靠，那就是中国。中巴自解决了边界问题和1964年巴总统阿尤布·汗访华后，双边关系发展迅速。早在第二次巴印战争爆发前，中国政府就于1965年5月初发表声明，指责印度的扩张主义，支持巴基斯坦的抵抗战争，在外交上给巴以有力支持。但巴军在拉合尔的抵抗极为困难，军火与物资供给也很紧张。中国向来反对一切破坏南亚和平的行

① 谢益显主编：《中国外交史（1949—1979）》，河南人民出版社1988年版，第405页。

为，中国领导人在经过仔细权衡后，决定支持巴基斯坦的斗争，甚至考虑间接出兵帮助巴基斯坦。中国外交部于 1965 年 9 月 8 日、16 日、19 日三次照会印度，“对印度军队连续侵犯中国领土提出强烈抗议”，强调“印方必须于三日内拆除在中国锡金边界一侧和跨中锡边界线上的所有侵略工事，并立即停止在中印边界和中锡边界的一切入侵活动，保证今后不再越境骚扰，否则由此产生的一切严重后果必须由印度政府承担全部责任”。[①] 美国、苏联、英国等担忧战争扩大化，遂于同年 9 月 22 日推动联合国通过了限令巴印双方停火的决议，巴印两国接受决议宣布停火。巴基斯坦对中国在战争中给予的各种支持表示感谢，阿尤布·汗总统在给刘少奇主席的信中表示：在巴基斯坦面临严峻考验的时刻，中国坚决站在巴基斯坦一边；中国这种崇高的表现与慷慨支持，将凝结成两国之间永恒的友谊。

众所周知，中国政府鲜有对第三方军事冲突直接表态支持的外交立场，而对于巴印战争，不仅明确表态支持巴基斯坦，反对印度以强凌弱、意图分裂巴基斯坦的图谋，更以实际行动警示印度不得扩大战争，影响南亚和平与稳定。中国曾以“唇亡齿寒”来形容中国和朝鲜两国的利害关系，在经历了中印战争与巴印两次战争后，中国对于同南亚邻国的关系更为看重。显然，中国的发展要营造一个和平稳定的周边环境，无论哪国妄图破坏周边稳定，其实都与中国直接相关。此外，这也是一种负责任大国的体现。

---

① 孙士海、江亦丽主编：《二战后南亚国家对外关系研究》，方志出版社 2007 年版，第 419 页。

（三）美国反恐战争背景下中国与巴基斯坦的密切合作

"9·11"事件之后，美国反恐战争直指巴基斯坦的邻国阿富汗。在这片业已饱经战火的土地上，阿富汗人民再一次受战争摧残，并被迫接受美国驻军。战争一开始，由于巴基斯坦所处地缘位置的重要性，美国给予巴基斯坦大量军事与经济援助，在一定程度上获取了巴基斯坦对美国的阿富汗反恐战争的支持。然而，国际恐怖组织产生的原因异常复杂，涉及政治、经济、社会、宗教、民族等问题以及外国势力干预等因素，而美国的反恐战争并未根除恐怖主义产生的土壤。阿富汗塔利班政权被推翻后，由于阿富汗恐怖组织残存于巴阿边界，以及巴国内反美抗议的升级，巴基斯坦国内局势出现了动荡，尤其是西北部部分地区几近失控，巴基斯坦的安全压力逐渐加大。

美国的反恐战争之所以影响巴基斯坦国内局势的稳定，原因主要有三：其一，巴基斯坦地处打击恐怖主义与宗教极端主义的前沿，阿富汗的基地组织与塔利班残余势力因不堪美国军事重压力而不断渗入巴阿边界部落地区，从而加剧了当地局势的动荡。其二，巴方的反恐战略重在打击基地组织等恐怖组织有生力量，并非强行派军队到动荡地区驻防；[①] 而巴基斯坦国内的部落势力与宗教力量则对巴基斯坦政府与美国反恐合作不满，不愿与政府的反恐战略保持一致。第三，美国在打击恐怖

---

① B Raman "Pakistan: New Strategy Against Jihadis", South Asia Analysis Group, Nov. 20, 2007, Paper No. 2468.

分子军事行动上恣意妄为，甚至在没有得到巴基斯坦政府许可的情况下，擅自对巴境内的目标进行军事打击，进一步恶化了巴基斯坦的安全局势。

中国在反恐战争的新形势下，始终密切关注巴基斯坦局势，对巴基斯坦打击恐怖组织与宗教极端势力、维护地区与国内稳定的努力给予了高度肯定与评价。与之相反，美国无视巴基斯坦为打击恐怖分子作出的贡献，没有从客观情况出发看待巴国内局势的复杂性，声言巴基斯坦在打击恐怖分子方面并未采取有力的措施，威胁要将对巴援助与其反恐的业绩挂钩。① 对此，2010 年 12 月中国国务院总理温家宝在巴基斯坦访问期间表示，巴基斯坦在国际反恐斗争中付出了巨大的牺牲，作出了重大努力，国际社会要给予充分的肯定。② 另一方面，对于美国无视巴基斯坦主权，擅自发动对巴境内目标的军事打击，中国也支持巴基斯坦的态度和立场，呼吁美国尊重巴基斯坦领土主权，停止在没有巴方授权下对巴境内目标进行军事打击。2011 年 11 月，美军战机对巴基斯坦西北边境疑似恐怖组织目标进行了突然打击，导致 24 名巴方官兵死亡，巴基斯坦国内爆发了声势浩大的反美示威。其后，中巴两国外长就此次事件进行了深入交流。11 月 28 日，中国外交部发言人洪磊表示，巴基斯坦的独立、主权与领土完整应当得到切实的尊重，此次北约驻阿部队越境空袭巴基斯坦边防站事件应得到彻底调查，

① "Musharraf ally urges withdrawing bill that links Pakistan military aid to ant terror work", International Herald Tribune, Jan. 30, 2007.

② 《中华人民共和国和巴基斯坦伊斯兰共和国联合声明》，新华社伊斯兰堡 2010 年 12 月 19 日电。

予以认真妥善处理，[①] 从而有力地声援了巴基斯坦。

二、在国内政治局势变化与国际压力下中巴关系保持稳固

受国内和国际等各种因素的影响，中巴两国历史上都曾经历过国内局势变化与外部压力加大的困难时期，而中巴两国始终不离不弃，不屈服于外界势力的干扰，坚定不移地维护与发展双边的友好关系，这是极为难得的。

（一）巴国内局势变化与领导人更迭情况下仍然保持密切友好的中巴关系

1971 年 3 月，印度内阁与议会通过了支持东巴基斯坦建立“孟加拉国”的决议，巴印之间关系骤然紧张。11 月 21 日，印度借口帮助东巴人民实现民族自治，采取不宣而战的方法，对东巴基斯坦发动了大规模进攻。而这一次苏联更是明目张胆地支持印度的军事干涉，致使局面更加难以缓解。中国在各种场合声援了巴基斯坦的自卫战争。12 月 4 日，中国驻联合国安理会代表黄华指出，“东巴问题纯属巴基斯坦内政，任何国家

---

① 中国人民共和国外交部：《外交部发言人洪磊就北约驻阿部队越境空袭巴基斯坦军事检查站答记者问》，http：//www. fmprc. gov. cn/chn/gxh/mtb/fyrbt/dhdw/t881860. htm（网上查证时间：2012 年 5 月 27 日）。

无权干涉，印度政府武装侵略巴基斯坦是不能容忍的”。但是，苏联在联合国安理会多次一票否决相关的停火提案。第三次印巴战争结束后，东巴脱离巴基斯坦，成立了孟加拉共和国。此外，印度还趁机占领了巴控克什米尔地区的 320 平方公里土地。

战争的失败使巴基斯坦此后数年陷入政局动荡。布托接任叶海亚·汗成为巴基斯坦新总统后，苏联意图以经济援助拉拢巴基斯坦，离间中巴友好关系。但布托总统并没有对苏联的相关提议积极回应，而是明确宣布“保持巴中友好关系是巴基斯坦外交政策的基石”。[①] 到了 1977 年，巴基斯坦国内的局势再次发生动荡，齐亚·哈克上台执政。令人欣慰的是，巴基斯坦新领导人仍然坚持与中国的友好关系，强调巴中友谊的重要性，表示巴方绝不会因为领导人的变更而改变对中国友好的方针。同年 12 月，齐亚·哈克对中国进行国事访问，中国是他执政后出访的第一个大国。邓小平副总理在与他会谈中也强调，“在你们困难的时候，我们始终是站在你们这一边的，尽管我们的力量有限，能够做到的也有限。不管巴基斯坦发生什么问题，我们没有什么不同的意见，也不会对我们之间的关系发生任何的影响。我们衷心希望巴基斯坦强大、发展”。[②] 由此可见，中巴关系并没有由于巴基斯坦国内政局动荡与领导人的变化而受到任何影响。

---

① 孙士海主编：《南亚的政治、国际关系及安全》，中国社会科学出版社 1998 年版，第 207 页。

② 外交部档案馆编：《伟人的足迹——邓小平外交活动大事记》，世界知识出版社 1998 年版，第 162 页。

（二）巴基斯坦在中国外交困难时期坚决支持中国

20世纪80年代末，随着东欧社会主义阵营的瓦解，世界政治处于大变革之中。苏联与东欧国家社会动荡、政局不稳，这股风气不可避免地影响到了中国。中国在采用果断举措恢复了社会稳定之后，在外交上面临严峻挑战。美国在联合国提出要求全世界制裁中国，同时对与中国走得很近的巴基斯坦以利相诱：援助大批军事物资，提供部分新型战斗机，以及不少于每年500万美元的援助。其条件是要求巴基斯坦离开中国，站到“民主与自由”一边。对此，巴基斯坦不做回应。但当联合国大会开始就对华实施制裁进行投票之际，巴基斯坦代表愤然起身高声表示，“我们坚决反对制裁中国，这是毫无理由的干涉国家主权”。这是此次大会在制裁中国问题议案上的第一张反对票。之后，古巴也跟着投票反对。此举不但体现了巴基斯坦政府的战略眼光，更展现出了中巴之间全天候的坚实友好关系，同时也表明：不论国际风云如何变幻，外部压力如何巨大，巴基斯坦与中国在对待各自维护主权与尊严以及国内的稳定上都做到了肝胆相照、相互支持，而不是像其他国家那样随波逐流，盲目相信西方的舆论，在没有看清事件本质的情况下就赞同制裁中国。

在此次联合国投票之后，巴基斯坦因支持中国也遭受了西方的刁难，美国对巴基斯坦开始了一系列军事、经济和外交制裁。但是巴基斯坦的政治家相信他们的决定是正确的，特别是从长远来看完全符合巴基斯坦的国家利益，即便现阶段会遭受损失与暂时的国际孤立。巴基斯坦的政治家们出于历史上与现实中对西方的认识，认为任何时候如果相信了美国就等于选择了被抛弃。中国有着比西方更为稳定的对外战略，可以长期实施其外交政策，而且不会因为领导人的变更而出现大幅的调整。至于美国，几乎更换一个总统就会出现新的外交政策，在对待其他国家时也是反反复复。就算一时能获得美国的援助，但往往可能仅在其一届政府任内，等下一届政府上台后，巴方可能还要为此再一次付出。如果巴基斯坦在强大利益诱惑与压力面前盲目相信西方的不实报道，追随美国的制裁号召，那么巴基斯坦可能暂时获得了西方援助，但势必要付出长远而高昂的代价。

（三）中国在巴基斯坦面临美国反恐压力时鼎力相助

当前，南亚的局势处于深刻而复杂的变革时期。一方面，美国的反恐战线深入巴基斯坦与阿富汗，传统与非传统安全问题交织，印度的大国地位逐渐上升。另一方面，巴基斯坦在“9·11”事件之后国内局势发生复杂变化，恐怖活动猖獗，极端宗教势力在巴基斯坦西北部地区的影响扩大，而美国对巴基斯坦主权赤裸裸的侵犯进一步加剧了巴基斯坦国内的反美情绪。[①] 如此种种，当前巴基斯坦国内安全局势不容乐观。令人

---

① 张力：“新阶段反恐战争：巴基斯坦的处境与美巴矛盾”，《南亚研究季刊》2008 年第 2 期，第 12 页。

费解的是，尽管巴基斯坦为国际反恐付出了巨大努力和牺牲，但国际上特别是美国等西方媒体却一味指责巴基斯坦并没有为反恐作出足够的努力。[①] 在巴基斯坦反恐面临内外巨大压力的情况下，中国坚定不移地站在了巴基斯坦一边，不仅在国际场合为巴基斯坦仗义执言，充分肯定巴基斯坦为国际反恐斗争所做的贡献，而且在力所能及的范围内加大了对巴基斯坦的援助，并继续加强中巴在政治、经贸、安全等领域的合作，从而为巴基斯坦维护国内稳定、反对西方干预提供了强有力的支持和帮助。[②]

正是出于中巴两国之间对彼此的了解和相互的信任，每当巴基斯坦或中国面临国内困难或国外压力时，另一方总是会选择予以坚定不移和坚决有力的支持。在变幻莫测的国际政治领域，这种长期信任与危难相扶的全天候友好关系实在难能可贵，也成为中巴双方必将世代相传的宝贵财富。

三、中巴两国在军事领域的充分信任与长期合作

由于受三次巴印战争、苏联入侵阿富汗战争以及美国发动阿富汗反恐战争的影响，巴基斯坦的国家安全与领土完整长期

---

① Najum Mushtaq，“Does Bush and Pakistan an need Musharraf?”，*Foreign Policy in Focus*，March 24，2007.

② 楼春豪、张明明：“南亚的战略重要性与中国的南亚战略”，《现代国际关系》2010 年第2 期，第44 页。

承受着极大压力。而中国与巴基斯坦友好关系的重要内涵，还体现在双方军事领域的合作与交流。中国不赞成任何破坏南亚和平的行为，倡导谈判协商解决问题。但印度长期以来，特别是在“古杰拉尔主义”出台前，利用其综合国力和军事力量对于巴基斯坦的优势，对巴基斯坦往往采取的是攻势的战略。中国为了维护南亚和平稳定与促进巴基斯坦的友好关系，多年来在资金、装备和人员交流方面向巴基斯坦提供了不少援助。

（一）中巴军事领域的合作深化两国战略伙伴关系

出于中国与巴基斯坦的特殊友好关系以及维护南亚地区和平与稳定的考量，中方在中巴军事合作与贸易中往往愿意向巴基斯坦提供一些其能够消化的相关技术，并且支持巴方在国内开辟生产线。在印度从俄罗斯进口了大批 T90 系列坦克后，巴基斯坦也相应获得了中国的 MBT2000（85/90 系列改进出口型）主战坦克，巴方称之为“哈立德”坦克。中方还一并转交了该型坦克的生产线，以至巴方还可以把经过一些本土化改进的哈立德坦克出口到其他国家。

中巴军事合作在航空领域取得的成就尤其引人注目，巴基斯坦与中国合作研制多年的 JF－17 战斗机（中方称为“枭龙”）是双方在 21 世纪军事合作的典范。2008 年 1 月 22 日，该型机在巴基斯坦卡姆拉航空联合体开始投入生产，巴基斯坦空军参谋长艾哈迈德上将亲临现场，高度评价了中巴在军事领域取得的辉煌成果，并表示巴基斯坦还计划在未来采购中国的歼10战斗机36架。[①] 2008年，巴基斯坦空军与中国电子科技集团签订合同，双方同意专门为巴基斯坦空军联合开发并生产4架ZDK-03型预警飞机。到了2010年11月13日，中国如期向巴基斯坦空军交接了为其量身制造的预警机，弥补了巴基斯坦空军长期空防预警与指挥能力不足的缺陷。首批ZDK-03型预警机的交接仪式在陕西省汉中市举行，巴基斯坦空军参谋长苏莱曼上将出席了交接仪式，中国空军的高级官员也参加了活动。中国电子科技集团公司总经理王志刚在致辞中表示，“中国与巴基斯坦已经形成了全天候的战略伙伴关系，我们合作的基础是中巴双方悠久的兄弟情谊，这种情谊不会随着时间而褪色。在双边国防技术合作方面，ZDK-03型预警机项目是一个里程碑，得到两国政府与空军的特别关注与不断支持，ZDK-03型预警机是中巴两国国防科研人员共同努力的最佳象征。ZDK-03型预警机会对区域稳定、和平与繁荣产生积极影响，有益于中巴两国以及军方的密切联系。ZDK-03型预警机项目将铭刻在中巴友谊的历史上，成为双方全面战略伙伴关系的新象征”。[②]

（二）军事领域的合作有助于改善中巴两国地缘战略环境

多年来，中国西南周边局势变化不定，存在着一些不稳定

① 军事科学院：《世界军事年鉴2009》，解放军出版社2009年版，第514页。

② 凤凰军事：“巴基斯坦购中国预警机，有助地区稳定”，http://news.ifeng.com/mil/1/detail_2010_11/16/3125888_0.shtml（网上查证时间：2012年5月26日）。

和不确定因素。中国已经与除了印度、不丹之外的所有陆地接壤邻国完成了边界谈判与边界的确定，但中印边界争议仍悬而未决，印方迄今还侵占着中国大片领土。再则，达赖集团并未停止在印度进行分裂与抹黑中国的活动，同时却从印度不同渠道得到了各种支持和帮助，从而表明印度政府迄今未妥善处理中国政府表达的严重关切，这在客观上也影响到中印关系的顺利发展。在南海争端的问题上，印度也无视中国关于反对第三国介入南海争端的外交表态，于2011年10月在新德里与越南签署了共同开发南海油气资源的3年合作开发协议。显然，上述情况损害了中国的国家利益，并在一定程度上反映了印度与中国之间政治互信不足，甚至还存在着相互猜疑与防范。巴基斯坦与印度的关系也不时处于紧张状态。印度孟买发生恐怖袭击事件后，印度政府指责巴基斯坦纵容与包庇这些恐怖分子，并指出这些恐怖分子来自巴控克什米尔地区。巴基斯坦在反对恐怖主义方面并不手软，采取有效打击行动，在巴境内抓捕了涉嫌策划与组织印度孟买恐怖袭击事件的嫌疑人员。但印度要求巴基斯坦将其人员转交印度审判，这理所当然遭到巴基斯坦政府的拒绝。[①] 此外，美国在南亚的反恐战争胜负未定，阿富汗局势前景不明。在上述客观形势下，中国与巴基斯坦加强在军事领域的合作，重在防患于未然，维护地区发展与稳定，并不针对第三国；意在确保自身安全，缓解周边安全压力，改善所处战略环境。中巴之间的地缘政治战略关系离不开相互信

① 新浪新闻中心："印度孟买发生连环恐怖袭击"，http：//news. sina. com. cn/z/mengmai-gunshot/index. shtml（网上查证时间：2012年5月26日）。

任、支持与配合，也成为促进中巴军事合作不断拓展和深入的重要因素。[①]

中国与巴基斯坦在军事领域一直保持高级别、深层次合作，对于双方而言意义重大。相较而言，经济合作与文化交流这样的低级政治领域相对容易展开与取得成果，而诸如军事深度合作这种高级政治领域，在很多国家间较难进行，因而成为考验双边关系的一块试金石。中国与以色列军事项目的合作因遭到美国的严重干扰而受到破坏，巴基斯坦与中国的军事合作也数次受各种因素影响而中断过。但中巴军事合作具有长期性、稳定性与深入性的特点，并取得了重大的成果。中国一直推动并深化与巴基斯坦的军事合作，完成了对巴基斯坦而言具有战略意义的多项合作项目。中巴双方还共同研制军工产品、开展人员交流培训等。2003—2007 年，巴基斯坦从中国进口的军事装备占其同类进口总额的 27%。[②]

四、结语

中国与巴基斯坦自从 1951 年建交至今已过去整整 60 年，中巴友谊已经深深扎根于两国人民的心中。在风云变幻的国际政治领域，国家间友好关系的长期延续是较为困难的。但中巴

---

① 戴永红、秦永红：“中国与南亚能源合作中的地缘政治战略考量”，《四川大学学报（哲学社会科学版）》2012 年第 2 期，第 78 页。

② 中国军控与裁军协会译：《SIPRI 年鉴 2008》，时事出版社 2009 年版，第 417 页。

两国不仅做到了，还发展成了全天候、全方位的战略合作伙伴。在战争时期的患难与共、在国内动荡与国际压力加剧逆境下的不离不弃、在高级政治的军事领域持续深入的合作，将中巴之间的战略合作伙伴关系推向了其他国家间关系难以企及的高度。正因如此，中巴友好关系坚如磐石，无惧任何大风大浪，而中巴友谊必将为两国缔造更为美好的未来。

经贸篇

建交以来中国对巴基斯坦的经济外交

崔健康*

［内容提要］自中国和巴基斯坦建交以来，中国根据不同历史时期所面临的国际形势和国内形势制定中国对巴经济外交的目标、手段，并在互动进程中根据形势的变化作出调整。改革开放之前中国对巴经济外交目标是安全利益、政治利益，以经济援助为主要手段；改革开放后主要目标仍是安全利益、政治利益，但开始注重经济利益，经济援助是主要手段但经济合作逐渐增多；冷战结束后则是安全利益、政治利益、经济利益并重，经济合作逐渐成为主要手段。虽然存在不足，但总体来看，建交以来的中国对巴经济外交维护了国家利益，也促进了两国关系的长远发展。

* 崔健康，复旦大学国际关系与公共事务学院硕士研究生。

中巴关系从建交至今，在整整60年的时间里经历了各种各样的考验，两国建立在共同利益、共同理想和相互尊重的基础之上的友谊也得到了进一步的加强。[①] 无论是对巴基斯坦还是中国而言，彼此是最主要和最坚定的朋友。[②] 而中巴之间的经济往来作为中巴关系的重要纽带之一，对两国而言都具有重要的意义，两国的经济合作和发展也得到双方政府和人民的支持。近年来，学者们开始重视对中巴双边经济关系的研究，但对主观能动性很强的中巴经济外交研究不够，国内外学术界关于中国对巴经济外交的专著几乎没有。因此，本文从双边经济外交的角度出发，旨在系统梳理中巴经济外交，以此为视角分析建交以来的中巴经济关系。具体而言，本文将从阐述中国在不同历史时期面临的国际形势和国内形势着手，考察中国在对形势作出判断的基础上制定的对巴经济外交目标、手段。经济外交是一个动态博弈过程，本文主要剖析中国如何在互动进程中不断调适其目标、手段，实现国家利益的最优化。

经济外交的种类可有许多分法，按经济类别或经济部门划分，可分为金融外交、贸易外交、投资外交等；按外交主体和对象数量划分，可分为双边经济外交、多边经济外交；

---

① ［巴基斯坦］阿迈·库瑞希（Ajmal M Qureshi）：“中国的崛起与中巴关系的战略走向”，《南亚研究季刊》2009年第2期，第72—74页。

② “巴基斯坦一直与伊朗和中国保持着良好的关系，尽管有种种地区性和全球性的剧变，西部和北部的这两个邻邦总是支持巴基斯坦的稳定与和平。”参见伊夫提哈尔·H. 马里克：《巴基斯坦史》，中国大百科全书出版社2010年版，第145页。“从1949年起，巴基斯坦在亚洲的两个主要朋友就是中国和柬埔寨。”参见Thomas W. Robinson、David Shambaugh：*Chinese Foreign Policy：Theory and Practice*，New York：Clarendon Press，Oxford，1997，p. 358。

按照政策类型和模式划分，可分为经济援助外交、经济合作外交、经济制裁外交等。本文所指“经济外交”既是以经济利益为目标的外交，也包括以经济为手段而开展的外交，分为经济援助外交、经济合作外交、经济制裁外交，主要运用经济援助和经济合作的框架分析。其中，经济援助外交是指国家或国际组织为争取援助或进行援助而实行的外交。按照《中国对外援助白皮书》，中国对外援助主要有三种资金类型，即无偿援助、无息贷款和优惠贷款；对外援助则有以下8种方式：成套项目、一般物资、技术合作、人力资源开发合作、援外医疗队、紧急人道主义援助、援外志愿者和债务减免。任何援助行为都不是单纯的经济行为，官方发展援助主要是一种外交政策和行为，其中援助中的经济手段是外交目的的辅佐，其目标也包括经济目标、政治目标、军事和安全目标、道义目标等。对外合作外交是指国家、国际经济组织、法人与自然人为追求共同的经济利益，实现利益共享（包括从共同利益中分享各自的利益），通过相互协调，在生产和流通领域促进各种生产要素优化组合与合理配置，以共同和分工的形式进行某项经济事业。经济合作追求的不仅仅是利润，它的衍生利益和效果往往是多重的，也有经济、政治、安全等意义。[①]

① 周永生：《经济外交》，中国青年出版社2005年版，第336页。

一、从中巴建交到改革开放前的中国对巴经济外交

（一）中国面临的国际形势和国内形势

从国际形势来看，在全球冷战“两极”结构之下，中国的国际和地区环境并不乐观，在大部分时间国家安全都受到直接威胁。这一时期中国外交的主题是反对帝国主义、殖民主义、霸权主义与支持被压迫民族争取独立解放的民族革命，简言之为反帝、革命。中国外交采取的主要是统一战线策略，而不是战略性的全方位外交，主要看谁是中国的敌人。

从国内形势来看，中国国内政治运动对外交政策的影响贯穿始终。此外，意识形态对于外交政策的制定产生了重大影响，这些政策包括建立共产主义世界、对第三世界的政策以及对全世界资本主义和帝国主义的政策。

（二）中国对巴经济外交的目标、手段

在国际、国内形势的影响下，中国外交格局经历了三次大的变动。这些变动从根本上是为了解决以下问题：其一是保障国家的安全；其二是在国际上获得更多国家对中国的承认；其

三是为恢复经济取得外国的必要援助。这一时期中国经济外交以对第三世界国家为主要对象，坚持国际主义与爱国主义的统一，经济利益并不是主要考虑，以经济援助的方式进行。

这一时期中国对巴经济外交也是坚持国际主义与爱国主义的统一，对巴经济外交的目标主要体现在：（1）安全目标。通过对巴援助可以加强中巴合作，有利于保障国家的安全。[①]（2）政治目标。巴基斯坦在印巴战争中处于不利地位，中国给予其道义上的支持和实际的援助，可以赢得巴对中国的好感，巩固中巴战略关系。此外，中巴贸易的发展和合作的加强也能对中印关系的正常化和经济关系有所促进。

中巴建交后，由于受到国际格局和美巴关系的影响，中巴关系有过一段反复，但双方最终还是消除了疑虑。这一时期，中国对巴经济外交主要采用经济援助的方式，以战略援助为主，通过物资援助、现汇援助、成套项目援助及技术援助等进行。1965 年 3 月，周恩来对来访的巴基斯坦总统阿尤布·汗说："在我们'三五'计划期间，除已经提供的 6000 万美元外，我们将继续向你们提供援助。"1966 年 7 月 29 日，中巴签订无偿军事援助议定书，仅此一年，中国对巴基斯坦的 4 笔无偿援助已达 1.8 亿元人民币。1968 年 12 月 26 日，中国再次无偿援助巴基斯坦 1 亿元人民币。1970 年 11 月 13 日，毛泽东会见巴基斯坦总统叶海亚·汗时表示，"四五"计划安排的对外

① 20 世纪 60 年代，中国处于美国、苏联和印度三面的战略包围，而巴基斯坦在与印度的争斗之中处于劣势，巴基斯坦维护本国领土主权和民族独立的斗争与中国维护周边安全稳定的战略完全吻合。参见周戎："中巴战略合作需注入新的活力"，《南亚研究季刊》2007 第 1 期，第 24 页。

经济援助太少，特别是对巴基斯坦的经济援助很不够，要由原定的2亿元人民币增加到5亿元人民币。20世纪70年代，中巴之间业已竣工的主要项目有卡拉奇核电站、拉卡纳糖厂和在哈桑·阿卜达尔建的纺织厂。1974年10月，巴基斯坦宣布中国将向巴提供总值7500万美元的财政和技术援助，用以兴建造纸厂和尿素化肥厂。不久，巴又宣布，中巴签署了中国帮助巴建造一座综合性体育设施的协议。1977年2月，一机部副部长徐斌率团访巴，并参加了由中国援建的铸锻件厂的落成典礼。

这一时期中国也采取了一些对巴经济合作外交，经济往来从总体来讲日趋频繁：1951年中国成为巴基斯坦棉花的第二大买主，1952年跃居第一位。1953年3月，中巴签订了关于棉花和煤炭的贸易协定。1956年，中巴签订了中国向巴供应万吨煤的合同。同年，东巴发生粮荒，中国以合理价格向巴提供6万吨大米，另赠送4000吨。这一“雪中送炭”的举动使巴方深受感动。1958年，中巴签订了两项煤—棉和黄麻换货合同。[①] 1961年8月26日，中巴签订航空协定。1963年1月，中巴签订第一个贸易协定，相互给予对方最惠国待遇。从此，中巴正式成为贸易合作伙伴。中国是巴棉花的最大购买国，黄麻及其制品的购买量也显著增加；中国向巴出口的主要产品有钢铁、煤炭和机械等。同年8月，两国政府签订了航空运输协定。根据协定，两国于1964年4月开辟上海经广州、达卡到卡拉奇的航线。这是中国第一次与一个非社会主义国家通航，在国际

① 林良光、叶正佳、韩华：《当代中国与南亚国家关系》，社会科学文献出版社2001年版，第129—138页。

上引起了强烈反响。1965 年 4 月，中巴签订海运协议，允许双方轮船在对方的任何港口停泊。1967 年，中巴启动了边境贸易。1969 年，中巴两国在涉及吉尔吉特和新疆的公路开放政策上，签订和更新了边界贸易协定，并决定在 1978 年开放喀拉昆仑公路穿过红其拉甫山口的通道。1970 年，中国还从巴基斯坦国际航空公司购买了 4 架三叉戟飞机及配件。这一时期的合作主要还是巴基斯坦向中国出口皮革、皮革制品、布匹、棉花产品和干果以及草本植物，并从中国进口丝绸、纺织产品、五金器具以及农用工具。

对中国来说，这些经济合作及协定主要目的并不是经济利益，更多是因为有助于中巴两国建立信任、改善关系，同时也能向第三世界国家展示中国的外交政策和国际形象。

二、从改革开放到冷战结束时期的中国对巴经济外交

（一）中国面临的国际形势和国内形势

在国际形势方面，中国根据国际形势的深刻变化，提出“和平与发展是当代世界两大主题”，1978 年中国“制定一心一意搞建设的方针，就是建立在这样一个判断上的”。这一时期的中国外交主要按照邓小平的外交思想实施，强调外交要为

现代化建设服务，中国外交以国内的实力为基础，同时又要服务于国内的经济建设，简言之主题是和平与发展。

在国内形势方面，中国政府总体认为中国是一个比较落后的国家。在此期间，中国一再指出并强调，中国还比较贫弱、落后、底子薄、人口众多、人均资源少，这是中国的基本国情。

（二）中国对巴经济外交的目标、手段

随着中国确立以经济建设为中心的国家战略，经济外交在总体外交中的地位日益凸显，逐渐成为外交中的主要部分。这一时期的中国经济外交以欧美发达国家为主要对象，更为侧重以经济利益为目标的一面，即获得国内建设和发展所需要的资金、技术。而对第三世界国家的经济外交，中国继续坚持提供经济援助，但逐渐走上务实、有效的轨道。

这一时期中国对巴经济外交主要目标仍是安全利益、政治利益，但开始考虑经济利益：（1）军事和安全目标。虽然时代主题是和平与发展，但是改革开放后的相当长时期，中国仍然面临外部威胁。① 而巴基斯坦是抗击苏联入侵阿富汗以及苏联向海湾和印度洋入侵的前线国家，巴经济的增长有助于维持政治稳定并使其发挥重要的作用。因此，通过对巴援助，有助于

① 在20世纪80年代初期，中国遭受苏联百万大军的北部压力、越南百万大军的南线压力、苏联人侵阿富汗的西线压力，正所谓中苏关系改善的三大障碍。参见周戎：“中巴战略合作需注入新的活力”，《南亚研究季刊》2007年第1期，第25页。

中国西部获得稳定的周边环境，保障国家的安全。(2) 政治目标。继续巩固中巴关系，对巴基斯坦频繁的政权更迭，中国始终恪守不干涉内政的原则，一如既往地保持双方的友好关系。巴前总统齐亚·哈克曾说："在巴基斯坦的每一个危急时期，中国都是站在巴基斯坦一边的。中国在政治、经济和军事上都一直给予巴基斯坦援助。"[①] (3) 经济目标。这一时期的经济目标主要体现为通过援助与合作促进巴基斯坦经济、社会发展。当时，中国在推行对巴经济外交中虽然开始谋求本国经济利益，但还不是主要考虑。

中国对巴经济外交中经济援助仍是最主要手段，但也开展了一系列经济合作。首先，从经济援助来看，战略援助仍占主要地位，发展援助开始增多。这一时期，对中巴经济外交最重要的事件是苏联入侵阿富汗，中、巴对此都感到十分紧张。因此，中国与巴基斯坦这一时期关系更加紧密，中国对巴提供援助在很大程度上出于对抗苏联的考虑。中国通过援助建设武器和弹药工厂，并在 1978 年援助巴轻型坦克，以协助巴基斯坦国防部建立一个独立自主的国防工业。此外，对于中方提供的 F-6 战机、发动机等航空系统，中国将提供后续的检查和维修。

除军事工业之外，中国继续对巴执行独立自主的经济发展计划提供力所能及的援助。1978 年，中国援建的喀喇昆仑公路全程通车，创造了世界公路建设史上的奇迹，从此天堑变通途。这条世界上海拔最高的国际公路无异于现代"丝绸之路"，

① 杨翠柏、刘成琼：《列国志·巴基斯坦》，社会科学出版社 2005 年版，第 253 页。

使得两国距离更近、民情更亲，成为中巴友谊的纽带和象征。1982 年 10 月。中国援助建设、耗资 3.36 亿卢比的哈里普尔化肥厂建成并投入生产。其他在建或计划中的项目包括：1984 年建成一个水泥厂、在卡拉奇建立电缆工厂以及在俾路支省建立煤火力发电厂。在援助项目中，一般只有几百中国工程师和技术人员参与建设，但是他们负责培训巴基斯坦人员，授予他们技术，一起完成指定工程项目。一旦巴基斯坦技术人员掌握了先进的技术，就把工厂交给他们管理和运行。[①] 1989 年 11 月，中巴两国政府签订关于中国向巴基斯坦俾路支省提供筑路机械的议定书和关于中国向巴基斯坦境内的阿富汗难民无偿提供物资的换文。

从经济合作来看，1982 年 8 月，两国签署开放中巴交界的红其拉甫山口的议定书。1982 年，中巴成立两国经济贸易科技合作联合委员会（部长级），定期举行会议，探讨扩大各领域合作的新途径。在 1983 年 4 月举行的第一次会议上，双方同意设立贸易、工业和共同投资、科技三个小组委员会。双方还签订了三项有关经济、贸易和科技合作的议定书。另外，1984 年上海和卡拉奇、1985 年乌鲁木齐和白沙瓦先后结为"姐妹城市"，这 4 个城市将在各方面进行合作。1986 年 9 月，中巴两国签订了关于和平利用核能合作协定。1989 年 2 月，中巴签订了《关于互相鼓励和保护投资协定》。1989 年 11 月，中巴两国政府签订了关于对所得税避免双重征税和防止偷漏税的协定

① Yaacov Vertzberger. "The Political Economy of Sino-Pakistani Relations: Trade and Aid 1963 - 82," *Asian Survey*, May 1983, p. 646.

和经济技术合作协定。[①] 一系列协定的签署为中国公司到巴基斯坦进行贸易、投资打下良好基础。但这一时期中巴经济合作范围相对狭窄，总体规模较小。[②]

三、冷战结束以来的中国对巴经济外交

（一）中国面临的国际形势和国内形势

从国际形势来看，首先两极格局终结，世界政治多极化在曲折中发展。第二，20 世纪 90 年代以来，经济全球化加速发展。第三，综合国力竞争日趋激烈，经济实力成为国际竞争的中心。这一时期，国际竞争的焦点由军备竞赛走向以科技为先导、以经济为中心的综合国力竞争。此外，各国积极调整经济政策和经济结构，朝着市场化的方向发展，一场规模更大的市场化浪潮席卷全球，特别是一些原社会主义国家向市场经济的转轨引人注目。[③]

从国内形势来看，1992 年邓小平第二次南巡，对社会主

---

① 方连庆、刘金质、王炳元：《战后国际关系史（1954—1995）》（下），北京大学出版社 1999 年版，第 786 页。

② “在 20 世纪 80 年代到 90 年代初，中国承包工程主要集中在灌渠项目，来的公司不多，承包量也不大。”周戎：“为中国企业的进步喝彩——访巴基斯坦经济界人士艾山·拉贾和杜拉尼”，《光明日报》2008 年 12 月 17 日。

③ 王逸舟、谭秀英：《中国外交六十年（1949—2009）》，中国社会科学出版社 2009 年版，第 36 页。

义、资本主义以及两者之间的关系进行精辟论述，指明了中国坚持改革开放的方向。社会主义市场经济体制正式确立并进一步完善，使中国的改革开放开始了实质性的体制改革阶段，为经济因素在国家生活与社会生活中发挥决定性作用和基础性作用提供了稳定的制度保障，促进了中国与世界的进一步融合。

（二）中国对巴经济外交的目标、手段

随着中国经济实力的提高和经济资源的丰厚，经济作为外交手段的作用重新开始显现，中国经济外交开始注重经济作为使用手段来达到经济和非经济目标的内涵。冷战结束后，中国的地缘政治环境发生了前所未有的变化，并得到全面改善。中巴两国不再以原有的共同朋友或者共同敌人为基础维系战略关系。

这一时期中国对巴经济外交目标是安全利益、政治利益、经济利益并重。（1）军事、安全目标。这一时期不仅仅是传统安全考虑，非传统安全也越来越重要，巴基斯坦是中国打击三股恶势力的重要合作者。（2）政治目标。巴基斯坦可以作为中国与穆斯林世界建立持久战略关系的通道和主要途径。（3）经济目标。加强中巴能源合作，巴基斯坦表示愿意成为中国的能源走廊和贸易走廊，而中国也有意建立中巴陆上能源通道。[①]

① 2006年2月巴基斯坦总统穆沙拉夫访问中国期间多次表示，巴有兴趣成为中国的贸易和能源通道，为中国从中东和非洲进口能源以及中国西部地区商品出口中亚提供最便捷的陆上通道。而在2007年《国务院关于进一步促进新疆经济社会发展的若干意见》中表示，要将新疆建成中国能源国际大通道，通过新疆建立中巴陆上能源通道是其中考虑之一。参见陈小萍："中巴贸易能源通道构想与前景"，《南亚研究季刊》2009年第1期，第80页。

中巴经济合作对于中国的西部大开发也有促进作用。[①] 同时，中巴经贸合作本身具有很大的发展空间。

中国对巴经济外交中经济合作越来越重要，经济合作成为主要的方式，同时中国继续开展对巴经济援助。这一时期中国对巴经济合作外交主要有：1992 年底中巴签订核电站合作合同，中国向巴基斯坦出口 30 万千瓦核电站设备。2001 年 5 月 11—14 日，在中巴建交 50 周年之际，中国总理朱镕基访问巴基斯坦，双方签订了涉及经济技术、旅游、山达克铜金矿工程承租、向巴基斯坦提供火车机车和客车车厢、建设石油输油管道以及中国中兴电信公司与巴基斯坦电信公司的合作等 6 个经济合作协定和 1 个备忘录。2003 年 11 月，中巴签署《优惠贸易安排》（FTA）。2005 年 4 月，中国温家宝总理访问巴基斯坦期间两国签定《中巴自由贸易协定早期收获协议》，决定结束中巴自由贸易协定联合可行性研究，启动自由贸易协定谈判，就自由贸易协定早期收获计划达成一致，并从 2006 年 1 月 1 日起实施早期收获计划。[②] 2006 年 11 月，中巴完成自由贸易区谈

① 巴基斯坦与中国新疆接壤，而新疆是中国西部大开发的重中之重，充分发挥着向西开放前沿作用。巴基斯坦目前已有从瓜达尔到卡拉奇的快速公路，从卡拉奇通过巴国内的公路网，再由喀喇昆仑公路就可以直接从陆路通往中国的新疆地区，把巴基斯坦与中国的西部开发地区连成一片。中国西部地区的发展，为中巴两国的经贸提供了新的合作机遇。目前中国政府正试图把新疆喀什地区打造成为中国西部地区与巴基斯坦及中亚国家的经贸中心。参见徐秋爽、尹翔："中巴经贸关系存在的问题及发展方向"，《南亚研究季刊》2006 年第 4 期，第 89 页。

② 2005 年 12 月 9 日，中巴在北京签署了《中巴自由贸易协定早期收获协议》。根据该协议，中方可享受巴方提供的 486 种产品的零关税待遇，主要涉及蔬菜、水果、石料、纺织机械和有机化工品。中方向原产于巴基斯坦的 769 种产品提供零关税待遇，主要涉及蔬菜、水果、石料、棉坯布和混纺布。从 2006 年 1 月 1 日起，中方对原产于巴基斯坦的 1671 种产品实施优惠关税，平均优惠幅度为 27%；巴方对原产于中国的 575 种产品实施优惠关税，平均优惠幅度为 22%。参见陈刚："中巴共同签署自由贸易协定早期收获协议"，中国经济网 2005 年 12 月 9 日。

判，签署自由贸易协议。2006 年 11 月 26 日，正在巴基斯坦旁遮普省省会拉合尔访问的中国国家主席胡锦涛和巴基斯坦总理阿齐兹共同为巴基斯坦和中国境外经济贸易合作区暨巴基斯坦海尔—鲁巴经济区揭牌，这是中国在境外正式挂牌的首个经济贸易合作区。2007 年 2 月，巴基斯坦批准建立中国经济特区。同年 4 月，中巴经贸科技合作联委会第 13 次会议在北京举行，7 月中国商务部副部长高虎城率高级贸易代表团访巴。[①] 上述经济外交活动为中国企业提供了更广阔的活动空间，也更好地促进了巴基斯坦经济发展。2009 年，中巴自由贸易区服务协定生效。

这一时期中国对巴经济援助外交以发展援助为主，方式逐渐由单纯的低息、无息贷款甚至无偿援助转成政府贴息优惠贷款，援外项目采取合资合作方式。2001 年中国出资 2 亿美元，帮助巴基斯坦铁路网的现代化改造，同时修建一条新的铁路，以使瓜达尔港与贯通巴基斯坦——伊朗的东西铁路线相接。2002 年 3 月 22 日，中国国务院副总理吴邦国与巴基斯坦总统穆沙拉夫共同主持了中国援建的巴瓜达尔港口项目一期工程开工典礼。巴基斯坦瓜达尔深水港一期工程项目源自 2001 年 5 月中国国务院总理朱镕基访问巴基斯坦时中巴两国政府签订的有关协议，是中国政府援助建设的大型港口项目。2003 年，中国政府再度向巴基斯坦铁路系统改造提供 5 亿美元，同时提出修建一条连接瓜达尔港与中国新疆的铁路计划。这是一条全新设计的全电气化铁路，主要用于货物运输。2008 年，喀喇昆仑

---

① 俞文岚：《2007—2008 南亚报告》，云南大学出版社 2008 年版，第 79—80 页。

公路改扩建工程正式启动。2010年，巴基斯坦媒体报道，巴方计划在中国的帮助下，在巴基斯坦的吉尔吉特—巴尔蒂斯坦地区建设两条新的高速公路。[①] 同时，中国在这一时期还向巴提供了大量人道主义援助，帮助巴应对地震和洪灾。

中国在南亚的投资主要集中在巴基斯坦，中国与巴基斯坦之间业已建立自由贸易区，这对于中国与南盟建立自贸区具有一定的促进作用。当然，中国的西部大开放以及与南亚地区的经济合作也离不开巴基斯坦国内的稳定和巴经济发展所带来的重要市场。

四、对建交以来的中国对巴经济外交评估

总体而言，根据国际国内形势发生的变化，中国对巴经济外交经过了调整和变化。改革开放之前中国对巴经济外交目标是安全利益和政治利益，以经济援助为主要手段；改革开放后主要目标仍是安全利益和政治利益，但开始注重经济利益，经济援助是主要手段，但经济合作逐渐增多；冷战结束后则是安全利益、政治利益、经济利益并重，经济合作逐渐成为主要手段。虽然存在不足，但总体来看，建交以来的中国对巴经济外交维护了国家利益。（详见下表）

---

① Jonathan Holslag, "China's Roads to Influence", *Asian Survey*, July/August 2010, p. 646.

	从1951年建交到1978年中国改革开放之前	从1978年改革开放到1991年冷战结束	冷战结束以来
中国对巴经济外交目标	政治利益、安全利益（传统安全）为主要目标	政治利益、安全利益（传统安全）仍是主要目标，开始注重经济利益	安全利益（传统安全、非传统安全）、政治利益、经济利益并重
中国对巴经济外交手段	经济援助（战略援助为主）	经济援助（发展援助增多）； 经济合作	经济援助（发展援助为主）强调平等互利、共同发展； 经济合作（中巴自由贸易区、贸易、投资、工程承包及劳务合作）

评估建交以来中国对巴经济外交，根本标准只有一个，即在当时条件的约束下，中国实行的经济外交政策是否有利于中国国家利益的最大化。本文也是从经济援助外交和经济合作外交两个方面来加以评估的。总体而言，中国的对巴经济外交在实现自身目标的同时，也促进了巴基斯坦的发展。但是，由于巴基斯坦安全形势堪忧，这也在一定程度上影响中国对巴援建和经济合作项目的实施，而巴国内的安全情况在本·拉登被击毙后似乎并不乐观。

（一）中国对巴经济援助外交的评估

建交以来，中国对巴经济援助外交取得了很大成就，对于维护中国国家安全利益、政治利益以及经济利益起到推动作用。

首先，有利于维护国家安全目标的实现。通过对巴经济援助，获得巴基斯坦在传统安全与非传统安全领域与中国密切合作。20 世纪 70 年代末，在中国西部周边形成中国—美国—巴基斯坦为一方与苏联—阿富汗—印度为另一方的战略格局。20 世纪 80 年代，由于巴基斯坦的存在，尽管苏联入侵阿富汗 8 年，但中国西部所受到的军事威胁得以减轻，在某种程度上是巴基斯坦帮助中国承受了大部分军事压力。冷战后，中巴两国保持军事防务合作、反恐怖合作。中巴有反恐、军控与核裁军的磋商机制、双边战略对话、国防与安全会谈机制等。

其次，推动中巴关系的稳定发展，获得巴基斯坦在一系列政治问题上对中国的支持。作为对中国援助的回报，1965—1971 年，巴基斯坦在历届联大上主张恢复中国在联合国的合法席位。在中美恢复外交关系过程中，巴基斯坦起了重要的牵线搭桥、传递信息的作用。1971 年 7 月 9 日，巴总统叶海亚·汗为美国国务卿基辛格秘密访华做了周密安排。在联合国人权委员会会议上，巴基斯坦和许多发展中国家一道坚决反对一些西方国家利用人权干涉中国内政的提案。在台湾问题上，巴也给予中国有力支持。1989年春夏之交中国在外交上处于困难时，是巴基斯坦采取与西方国家截然不同的态度，对中国表示充分的理解和支持，期间巴基斯坦国家主要领导人相继访华。

第三，获得了巴基斯坦的回报型援助。2008年四川汶川大地震发生后，巴基斯坦国家领导人亲自到中国大使馆表示慰问。巴基斯坦是第一批向中国提供救援物资的国家之一，并动用全部运输机将所有战略储备帐篷运往灾区。

（二）中国对巴经济合作外交的评估

如上所述，自改革开放以来，中国政府开始重视并推动对巴经济合作外交，两国经济合作不断前进，贸易、投资不断增长。中国对巴经济合作外交取得的最重要成就是中巴自贸协定的签署、实施。

中巴自贸协定对双边贸易的影响主要体现在：一是提供了制度性保障，确保双方企业可享受相关优惠政策；二是有助于双方企业实现市场多元化；三是有助于企业降低成本和获取更大利润。当然，两国自贸协定对相互投资与合作方面也有着积极的促进作用。《中巴自贸协定》实施以来，两国企业间联系不断加强，越来越多的企业逐步了解并积极利用有关优惠政策，申领优惠原产地证书明显增加。尽管受到全球金融危机的严重影响，但得益于《中巴自贸协定》的实施，中巴双边贸易明显好于两国分别对全球和绝大部分国家的贸易情况。[①]

中国对巴经济合作外交推动了中巴经济关系的发展，但是中巴经济合作关系在贸易的商品结构、进出口结构、投资合作等方面仍存在不足：

首先，中巴经济合作总体规模偏小。全巴工商联主席里亚兹·艾哈迈德·塔塔在一次讲话中强烈表示，中巴双边贸易与两国的政治关系不相匹配，需要大力发展双边贸易。[②] 其次，中巴贸易的商品结构相对单一，制约着两国贸易质量的提高。近年来，中国对巴出口商品日趋多样化，机电产品所占比重逐年增加。但中国从巴进口的商品主要是原料和初级加工产品。[③] 第三，中巴贸易的进出口结构不平衡，不利于两国贸易的长期稳定发展。在中巴双边贸易中，中国一直处于顺差的地位，存在数额不菲的逆差额。第四，中巴相互投资不足，制约两国贸易质量的提高。中巴经济合作主要局限于货物贸易方面，贸易仍然是两国经济合作中的主要形式，双方在相互利用投资方面数目较小。此外，中国与巴基斯坦关于签订自由贸易区（FTA）的谈判原本被认为是有利于加强两国经贸联系的重大措施，但在巴基斯坦并没有受到普遍欢迎，许多制造商甚至持

---

① 2009年10月12—25日，中国驻巴基斯坦伊斯兰共和国大使馆经济商务参赞处周振成经济商务参赞参加商务部举办的“参赞访谈”活动，针对主持人以及网友提出问题的回答，http：//shangwutousu. mofcom. gov. cn/aarticle/lbqz/lbjg/200911/20091106631649. html。

② 杜放、李娜编：《巴基斯坦投资研究》，湖北科学技术出版社2004年版，第236页。

③ 中国对巴主要出口商品为电子电器、机械设备、计算机与通讯产品、肥料、农产品等，其中机电产品所占比例接近一半。巴对中国主要出口商品为棉纱线、棉机织物、粗铜、铬矿砂、皮革等，其中棉纱线所占比例超过一半。“与我国驻巴基斯坦大使馆经商参处周振成参赞网上交流”，商务部中国企业境外商务投诉服务中心，2009年11月20日，http：//shangwutousu. mofcom. gov. cn/aarticle/lbqz/lbjg/200911/20091106631649. html。

反对态度。部分商贸团体就与中国签署 FTA 向政府提出质疑，建议推迟实施 FTA 的时间，认为“过早对中国开放市场对本国工业极其不利”。[①]

五、结语

建交以来中国对巴经济外交主要目标是寻求政治利益和安全利益，经济利益在冷战结束以来才逐渐显露，中国对巴经济外交主要采用经济援助，改革开放后开始强调平等互利、共同发展，并且经济合作越来越得到重视。中国对巴经济外交虽存在一些不足之处，仍需进一步加强和推动。但总体来看，中国能够根据国际形势和国内形势的变化，适时调整对巴经济外交的目标和手段。在形势没有变化时，保持对巴经济外交的相对稳定性，形势一旦变化，经济外交目标和手段也相应改变，从而维护了中国的安全利益、政治利益和经济利益。

① “巴工商界建议政府慎与中国过早敲定自贸协议”，中国驻卡拉奇总领馆经商室网站，2006 年 8 月 29 日，http：//karachi. mofcom. gov. cn。

中巴建交以来两国经贸发展状况及对策思考

贝　敏*

［内容提要］长期以来，中巴之间坚不可摧的友谊一直被视为不同社会制度、不同意识形态国家之间进行合作的典范。然而，“全天候”的友谊似乎主要体现在政治和外交领域，中巴经贸关系的缓慢发展引人深思。本文将针对中巴关系当前“政热经不热”的局面，进一步分析制约双方经贸发展的因素，并提出应对措施，以求进一步发展中巴经贸关系，真正建立起“全方位”的战略伙伴关系。

巴基斯坦是中国的友好邻邦。自 1951 年 5 月 21 日中巴正式建立外交关系后，双方之间的友好关系经受了国际政治风云变幻和国内政治经济情况变化的考验，且不断深化，成为不同社会制度国家间发展双边关系的典范。中巴两国在不断推进政

* 贝敏，复旦大学经济学院 2009 级经济学系学生。

治和安全关系的同时，双方的经贸关系也随之得到一定加强，但仍拥有巨大发展潜力。

一、中巴经贸关系发展状况及特点

整个20世纪90年代中巴贸易发展缓慢，两国贸易规模仅维持在10亿美元左右，年均增长仅7.4%，远低于同期中国对外贸易年均增长13.7%的水平。[①] 而2000年以后，随着经济全球化的发展以及中国和巴基斯坦双边交流与合作不断深化，中巴经贸发展进程也不断加快。到2010年，中巴双边贸易额为86.67亿美元，其中巴基斯坦对中国出口17.29亿美元，进口69.38亿美元，比上一年分别增长27.7%、37.2%和25.5%，显示了强劲的增长势头。[②] 这一期间的中巴经贸发展呈现以下几个明显特点。

（一）政府间经贸合作步伐加快

长期以来，巴基斯坦是中国对外援助的重要国家之一，也是中国在南亚地区的主要贸易伙伴。为促进中国与巴基斯坦经

① 周蓉、周海燕：“中国与巴基斯坦的经贸发展特点和前景探析”，《法制与社会》2008年11月，第142—143页。

② 中华人民共和国驻巴基斯坦伊斯兰共和国大使馆经济商务参赞处官网（以下简称 中国驻巴使馆经商处），“2010年中巴双边经贸合作简况”，2011年3月18日，http://pk.mofcom.gov.cn/aarticle/zxhz/hzjj/201103/20110307454921.html。

济贸易合作，中国与巴基斯坦两国政府签订了诸多贸易协定、经济合作协定和科学技术合作协定，还签订了双边投资保护协定和避免双重税收协定等。到2000年5月，两国经济贸易和科学技术合作委员会已成功举行了11次会议。2003年，在巴基斯坦总统穆沙拉夫访问中国期间，中巴双方共同签署了纺织品特惠贸易协定，承诺互相给予对方关税上的让步。2005年底，中巴在北京签署《中国—巴基斯坦自由贸易协定早期收获协议》，双方同意从2006年1月起两国将对3000多种商品进口实施降税，到2008年1月1日全部降为零。中巴为进一步扩大投资合作，两国政府于2006年11月24日签署了《中国—巴基斯坦经贸合作五年发展规划》。2007年4月17日，中巴又签署了《中国—巴基斯坦经贸合作五年发展规划项目实施规程》。这一系列条约和协议的签订，标志着两国关系由着眼于安全合作的单维关系调整为安全合作与经济联系并重的多维关系。中巴2009年2月签订的《中国—巴基斯坦自贸区服务贸易协定》的生效和实施，标志着中巴两国将建成一个涵盖货物贸易、服务贸易和投资等内容全面的自贸区，并使中国成为巴基斯坦的主要贸易伙伴。[①] 而2011年12月中巴签订的《中华人民共和国与巴基斯坦伊斯兰共和国政府关于经贸合作五年发展规划的补充协议》则进一步彰显了两国进行长期经贸合作的决心。[②] 中巴两国领导人高度评价双方经贸关系的发展，认为这是中巴“全天候”战略伙伴

① 张会丽：“当前中巴经贸关系发展中的制约因素及应对策略”，《新疆财经》2010年第3期，第35—41页。

② 中华人民共和国驻巴基斯坦伊斯兰共和国大使馆经济商务参赞处官网（以下简称 中国驻巴使馆经商处），“中国和巴基斯坦续签经贸合作五年发展规划”，2011年12月26日，http：//pk. mofcom. gov. cn/aarticle/jmxw/201112/20111207898792. html。

关系中不可或缺的重要组成部分，也是两国之间牢不可破友谊的具体表现。[①]

（二）中巴贸易额增长迅速

近年来，中巴两国双边贸易发展迅速，中国逐渐成为巴基斯坦的主要贸易伙伴。在2000—2011年的11年时间里，中巴贸易额呈不断上升趋势。（见表一）

表一：[②] 近十一年中国—巴基斯坦双边贸易统计简表　　单位：亿美元

年度	总额	同比	巴出口	同比	巴进口	同比
2000—2001	8.28		3.03		5.25	
2001—2002	8.05	-2.90%	2.29	-24.48%	5.75	9.57%
2002—2003	10.84	34.70%	2.45	6.77%	8.39	45.83%
2003—2004	14.42	33.04%	2.88	17.87%	11.54	37.47%
2004—2005	21.97	52.37%	3.54	22.82%	18.43	59.76%
2005—2006	31.70	44.29%	4.64	31.02%	27.06	46.84%
2006—2007	41.09	29.63%	5.76	24.14%	35.33	30.58%
2007—2008	53.81	30.95%	6.85	18.91%	46.96	32.91%
2008—2009	47.87	-11.05%	7.01	2.37%	40.86	-13.00%
2009—2010	55.64	16.25%	11.54	64.59%	44.11	7.95%
2010—2011	74.23	33.40%	16.34	41.61%	57.89	31.25%

① "Pakistan, China to stand together 'in all circumstances'", Dawn, April 01, 2012. http://dawn.com/2012/04/01/pakistan-china-to-stand-with-each-other-in-all-circumstances/.

② 中华人民共和国驻巴基斯坦伊斯兰共和国大使馆经济商务参赞处官网（以下简称 中国驻巴使馆经商处），"2010—11财年巴基斯坦对外贸易和中巴贸易简况—表6"，2011年11月2日，http://pk.mofcom.gov.cn/aarticle/zxhz/tjsj/201111/20111107810787.html。

由表一可以看出，在过去11年中，中巴双边贸易总额由8.28亿美元增长至74.23亿美元，增长了将近8倍，中国已成为巴基斯坦第一大贸易伙伴。其中，在巴基斯坦2010—2011财年，巴基斯坦自中国进口57.89亿美元，同比增长31.3%，中国也成为巴第一大进口来源地；巴基斯坦向中国出口16.34亿美元，同比增长41.6%，中国仍为巴第四大出口目的地，但巴向中国出口额占其出口总额的比重由上财年的5.98%进一步提升至6.58%。

（三）多领域合作的开展

随着两国经济合作逐步深化，双方大型合作项目也有所增加。中国协助巴基斯坦建设的发电、道路、港口等设施受到两国政府和人民的高度重视。截止到2011年12月，中国企业累计在巴基斯坦签订承包工程合同额229.15亿美元，营业额171.91亿美元。[①] 此外，中国以无偿援助、优惠贷款和低息贷款等形式向巴方提供融资。同时，中巴两国企业的相互投资也趋于活跃。目前，中国在巴基斯坦投资了很多项目，像海尔等一些大企业已经进入巴基斯坦投资设厂，正在商谈的项目数量也很多，而且进展和前景良好。巴基斯坦企业在中国的投资也有所增加。两国企业的相互投资尽管项目规模不是很大，直接投资的金额也不很多，却显示出了双方强烈的合作愿望。

---

① 中华人民共和国驻巴基斯坦伊斯兰共和国大使馆经济商务参赞处官网（以下简称 中国驻巴使馆经商处），“2011年中巴双边经贸合作简况”，2012年3月26日，http：//pk. mofcom. gov. cn/aarticle/zxhz/hzjj/201203/20120308043044. html。

（四）贸易结构不平衡

巴基斯坦工业及服务业都比较落后，经济以农业为主，因此其对外出口的商品也以农产品和初级产品为主。近年来，巴基斯坦从中国进口额大幅增加，对中国的出口虽获得较快增长，但巴可向中国出口的商品种类有限，而巴企业在中国市场的开拓又往往不够。这一状况导致中巴两国贸易额不断增长的同时，中国对巴基斯坦贸易顺差的绝对值也持续上升。中巴贸易额的增长，实际上主要是中国出口增加的结果，中巴贸易关系中的不平衡现象非常严重。2011 年中国成为巴基斯坦的第一大进口国，但只是其第四大出口国。（见图一）[①]

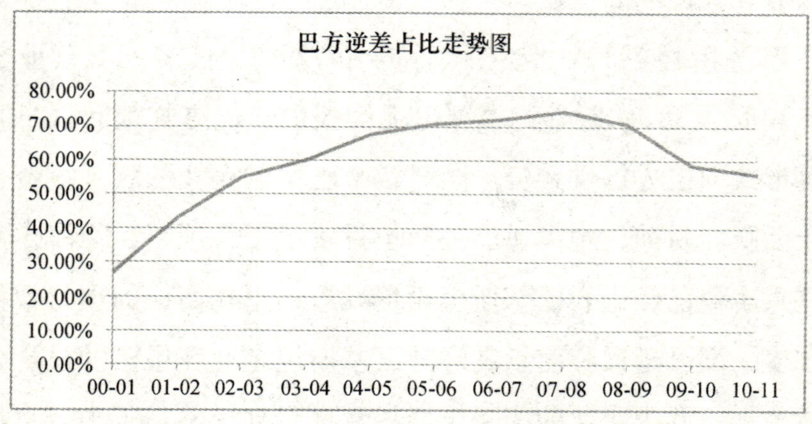

图一　巴方逆差占比走势图

① 中华人民共和国驻巴基斯坦伊斯兰共和国大使馆经济商务参赞处官网（以下简称 中国驻巴使馆经商处），“2010—11 财年巴基斯坦对外贸易和中巴贸易简况—表 6”，2011 年 11 月 2 日，http：//pk. mofcom. gov. cn/aarticle/zxhz/tjsj/201111/20111107810787. html。

（五）进出口商品结构稳定

近年来，中巴贸易金额增长很快但进出口商品结构变化不大。中国对巴出口主要商品，即机械设备及配件、化工类产品、钢铁及其制品、机动车及配件以及轮胎等进口额均有稳定增长。其中，中国对巴出口的机械设备及配件在巴 2010—2011 财年所占比重为 36.62%，同比增长 19.4%。中国从巴进口商品高度集中在初级产品和工业原材料等领域，其中棉纱、棉布和棉花进口额在 2010—2011 财年分别大幅增长 44.3%、77.3% 和 141.6%。仅仅是这三类商品，在中国从巴进口总额中占比就高达 69.21%。[①] 因此，这种进出口商品结构虽然比较稳定，但急需优化。

由上述分析可知，虽然中巴两国政府制定了一系列措施加强经贸合作，两国贸易也存在较强的互补性，但巴基斯坦相对狭小的经济规模和相对落后的发展水平使得两国无法在短期内走出贸易不平衡的困境。与两国在政治、外交、安全等领域的密切关系相比，中巴经贸关系的基础仍较薄弱。在国际关系中，流行着“没有永久的朋友，也没有永久的敌人，只有永久的利益”的说法。中巴友好有其特殊性，两国关系虽不至于如此，但国家间关系毕竟往往与双方经济利益密切相关，从中长

① 中华人民共和国驻巴基斯坦伊斯兰共和国大使馆经济商务参赞处官网（以下简称 中国驻巴使馆经商处），“2010—11 财年巴基斯坦对外贸易和中巴贸易简况”，2011 年 11 月 2 日，http：//pk. mofcom. gov. cn/aarticle/zxhz/tjsj/201111/20111107810787. html。

期看若不能改变中巴双边关系中“政治强、经济弱”的状况，中巴关系的进一步发展难免会受到影响。

二、制约中巴经贸关系发展的因素

（一）巴基斯坦的经济实力和商品竞争力相对较弱

目前，巴基斯坦自然经济仍占相当大的比重，市场规模不大，市场机制能够发挥作用的范围也较有限。另外，与大多数亚洲国家相比，巴基斯坦交通运输、通讯、能源供应以及教育等方面的条件也较为落后。这在一定程度上影响了中巴经济合作的进程。再则，巴基斯坦可向中国出口的商品品种不多，主要为棉花、皮革、箱包、部分农产品和矿产品等。此外，巴基斯坦部分企业在质量、交货期等方面难以与其他国家国际化程度较高的企业竞争，而且在向中国市场推销方面也不如一些亚洲国家的企业那么主动积极。

（二）中巴两国及企业重点关注的领域不尽相同

巴基斯坦对引进中国先进技术、吸引中国企业投资和减少双边贸易逆差较为重视，而中国企业则更关注扩大在巴的商品市场以及充分利用巴基斯坦的自然资源。与此相应，近年来巴基斯坦国内出现了一些对中国企业反感的声音，部分巴基斯坦民众担心中国企业在巴基斯坦过度开采矿产资源，对中国商人将某些质量较差的商品销往巴基斯坦的做法也颇为不满。而中国企业界人士则抱怨说，巴基斯坦的某些企业信用欠佳，合同履约率较低，收到货物不付款的问题时有发生。显然，中巴双方企业在谋求各自经济利益方面存在差异，经济合作结构也不尽合理，加上中国在巴基斯坦投资中出现的一些问题，这些均在一定程度上影响了中巴双边经济关系的进一步发展。

（三）巴基斯坦国内安全形势不稳

“9·11”事件后，巴基斯坦地处国际反恐斗争前沿。一些恐怖组织和极端势力为阻挠巴基斯坦参与国际反恐合作，并报复巴基斯坦政府的反恐行动，在巴基斯坦频繁发动恐怖袭击和爆炸事件，致使巴安全形势不容乐观。近年来，恐怖分子还利用巴基斯坦政府对中巴友好关系的重视，以中国公民为“高价值目标”，在巴基斯坦频频绑架、袭击中国工程技术人员和普通公民，以要挟中央政府满足他们的要求。这在客观上对在巴中资企业和员工的安全构成了一定威胁，从而增加了企业的经营和安全成本，也使一些中巴之间合作项目的进展受到不利影响。

（四）两国民间沟通与交流不足

中国和巴基斯坦的双边关系特别友好，两国人口达15亿之多，但民间接触和来往的规模却很小，也远不如中国与其他大多周边国家民众之间密切交往的程度。究其原因：一是中国和巴基斯坦虽为近邻，但接壤地区处于喀喇昆仑山脉，山高路险，交通不便。连接两国的陆上主要通道——喀喇昆仑公路等级不高，常受气候变化和地质灾害影响，每到冬季还要封路。二是目前中国与巴基斯坦各领域的合作关系多为政府主导，巴基斯坦人民对中国的友好感情主要源于60年来中国对巴基斯坦的坚定支持，而非通过大量民间接触、交流和互惠合作自然形成。

三、中巴经贸发展前景广阔

巴基斯坦现有人口约为1.7亿，在世界上属于人口较多的国家。随着政局的稳定和经济的持续发展，市场潜力有望逐步扩大。[①] 同时，中国经济仍将保持较快速度增长。中巴两国经济的发展不仅产出了大量出口商品，也为进口对方产品提供了

---

① Norina Bibi Research Officer, "Economic Survey 2010 - 11 - Population, Labor Force and Employment", Ministry of Finance, Government of Pakistan. http: //www. finance. gov. pk/survey_1011. html.

广阔的市场。因此，尽管中巴经贸关系发展仍存在一些制约因素，但是由于中巴之间有着良好的政治和外交关系，两国经济均有着巨大发展潜力，而且中巴两国经济还具有较强的互补性，中巴经济贸易合作的前景还是十分广阔的。

（一）中巴关系良好是促进双边经济合作的基础

中国与巴基斯坦互为邻邦，两国人民之间的传统友谊具有深厚的历史和社会基础。广大巴基斯坦人民对中国人民非常友好，这是曾经到过巴基斯坦的中国人的切身感受。近年来，中巴两国政府制定了一系列促进双边经贸合作的协议，并采取了诸多配套政策和举措，如签署中巴自由贸易协定、设立自由贸易区、巴基斯坦出台对中国企业的优惠政策等。同时，在保证中国驻巴机构、中资企业和中国公民安全上，巴基斯坦政府加大投入，做了大量安保工作。巴基斯坦政府决定在旁遮普省首府拉合尔重点建设“巴基斯坦中国经济特区”——巴基斯坦海尔—鲁巴经济区，这就充分考虑了投资者的安全因素，也是经中国商务部批准建设的首个中国境外经济贸易合作区。简言之，中巴两国之间良好的政治和外交关系，为今后进一步加强双方的经贸合作奠定了坚实的基础。

（二）中巴经济互补性推动双边经济合作的发展

中国与巴基斯坦虽然在经济规模上存在很大差距，经济发展水平上也有差异，但两国毕竟同属发展中国家。中国企业能够生产巴基斯坦人民生活所需大多数产品，正在使用或开发的技术也比较适合巴基斯坦社会经济发展的需要。当前，巴基斯坦正积极发展纺织机械、汽车工业、建材工业、农业和电力等领域，这为中国企业在巴基斯坦增加投资、扩大产品出口创造了良好条件。同时，巴基斯坦有着丰富的资源，而中国则是亚洲最大的市场，巴基斯坦一些重要产品在中国市场上也有一定需求。因此，中巴两国经济中存在的互补性有助于推动中巴两国进一步开展经济和贸易合作。

（三）地缘优势有助于拓展和深化双边经济合作

一般来说，在经济全球化背景下，地缘优势已不再是双边经贸合作的必然因素。但对中巴两国而言，由于国际竞争日益激烈，在以成本优势取胜的有形商品贸易中，两国互为重要邻国，仍然在双边贸易中具有竞争优势。更为重要的是，巴基斯坦地处南亚、中亚和西亚的交汇点，是连接东亚和中东地区的贸易通道和运输走廊。而中国目前正在推进西部大开发战略，与巴基斯坦接壤的新疆地区是重点开发的地区之一。显然，这为深化中巴经贸关系增添了新的动力，也为进一步拓展周边地区经贸合作开辟了新的领域。

四、进一步发展中巴经贸关系的思考

（一）扩大中方对巴直接投资

根据边际产业扩张理论，一国将已处于或即将处于相对劣势地位的产业转移至该产业正处于优势地位或具有比较优势的国家，两国都可以获得比较利益。从国际经验来看，无论是发达国家还是新兴工业化国家都把对外直接投资作为提升产业结构的重要途径。目前，中国的对外直接投资高度集中于资源开发和初级加工制造业，在纺织、家电、食品、轻工、冶炼、化工、医药、核电站、电子等行业拥有一定的比较优势和成熟适用技术。另一方面，巴基斯坦经济社会发展需要巨额外资和适用技术的支持。鉴于此，中国扩大对巴方的直接投资有相得益彰之效：一是符合中巴发展战略伙伴关系的定位和双方长远的政治利益；二是有利于平衡双边贸易；三是可以加速国内产业结构升级换代，缓解如国外汇储备增长过快、流动性过剩等问题；四是有助于巴基斯坦发展制造业，提升技术水平和增加国内就业。

（二）加强中巴能源合作

早在 2006 年 2 月，穆沙拉夫总统访华时就表达了为中国建设能源和贸易走廊的意愿，两国还签署了《中巴能源合作框架协议》。2011 年 8 月，巴基斯坦水利电力部长赛义德·纳维德·卡马尔在主持中巴联合能源工作组会议（JEWG）时明确表示，希望与中国进一步开展能源合作。[①] 对于中国而言，在建设能源通道方面，巴基斯坦有着十分重要的作用。中国是世界石油进口量最大的国家之一，目前 80% 以上的石油进口需要通过马六甲海峡，石油运输安全是一个必须从战略高度予以重视的问题。为此，中国需要开拓新的能源通道，以保障石油运输管道的畅通与安全。目前，由于巴基斯坦得天独厚的地理位置，至少有 4 条拟议中的油气管线都要经过巴基斯坦：土库曼斯坦—阿富汗—巴基斯坦、伊朗—巴基斯坦—印度、阿富汗—巴基斯坦—印度、沙特—巴基斯坦—中国。由此可见，中国加强与巴基斯坦的能源合作既可与巴方互利互惠，还能在一定程度上确保自身的能源安全。

（三）推动交通和运输通道建设

2008 年 4 月，巴基斯坦总统穆沙拉夫访问中国时提出了建设中巴铁路的设想，即修建一条连接中国新疆喀什地区与巴基斯坦瓜达尔港的铁路。此后，巴基斯坦政府在《2030 远景规划》中确立了“使铁路成为国家主要运输形式、运输系统逐渐

---

① Xinhua News Agency，“Pakistan calls for closer energy cooperation with China”，*Global Times*，August 1，2011. http：//www. globaltimes. cn/NEWS/tabid/99/articleType/ArticleView/articleId/669264/Pakistan-calls-for-closer-energy-cooperation-with-China. aspx.

盈利、有力促进国家经济发展”的目标，并提出以BOT（建设—经营—移交）、BOO（建设—所有—运行）或者PPP（政府—私企—合作伙伴）方式，建设一条全长673.5公里、从中巴边境的红其拉甫至巴基斯坦海维里昂市的中巴铁路，其建设资金约100亿美元，建设周期6年。[①] 上述设想和规划与拟议中的中国—吉尔吉斯斯坦—乌兹别克斯坦铁路建设不谋而合，将使处于亚欧大陆腹地的国家和地区通过铁路网络连接起来。这两条交通和运输大动脉一旦建成，不仅有利于中国推进“西部大开发”计划和“西出”战略，加强中巴经贸合作，而且将大大促进巴基斯坦、中亚国家和中东地区之间经贸联系和人员往来。

（四）加大技术转让和科技帮扶力度

经过30多年的改革和开放，中国的科学技术水平和研发能力已不可同日而语，而巴基斯坦的经济发展亟需先进科技带动。因此，中国需采取相应政策和措施，加强与巴基斯坦的技术交流与合作，主动帮助巴方提升自主研发能力，以低价或无偿向巴方转让成熟适用的技术，重点扶助巴基斯坦的弱势产业，全面提高其经济、技术和产品的竞争力。此外，在中巴文化与教育领域的合作中，应适当增加技术教育合作的比重，做

---

① 中华人民共和国驻巴基斯坦伊斯兰共和国大使馆经济商务参赞处官网（以下简称 中国驻巴使馆经商处），“巴基斯坦基础设施概况——铁路”，2010年4月29日，http://pk.mofcom.gov.cn/aarticle/ztdy/201004/20100406892396.html。

好巴方人才的培训工作。

（五）加强关于促进经贸合作的研究

中巴双方在经贸领域加强相互交流和研究，是扩大双方经贸的重要因素。除了双方政府机构、经贸企业应继续推动相互合作外，两国学者和研究人员也应以举行研讨会、报告会等形式，就双方经贸问题进行交流和探讨，为两国政府和企业扩大经贸往来出谋划策，促进两国经贸关系顺利发展。同时，应加强双边民间层面交流，发展边境贸易，扩大旅游合作，并通过文化合作与交流，进一步增进两国人民的了解和友谊。目前，通过与上海盛兴文化传播有限公司的合作，在巴基斯坦试行的早安汉语计划给巴基斯坦人民提供了一个学习汉语、增进两国交流的渠道，值得推广和借鉴。

此外，中巴双方还应努力开拓对方市场。中国企业应进一步了解巴基斯坦当地的需求特点，开发更多适合于当地需要的商品。同时，巴基斯坦方面也应根据中国市场的需求变化，在国内研发和生产适合中国民众消费的商品，并通过在中国举办展销会、扩大商品宣传等方式扩大巴方对华出口。

五、结语：用经贸之砖巩固中巴友谊城墙

当前，南亚地区形势正在发生复杂而深刻的变化。中国在

南亚地区拥有广泛的战略利益，中巴战略合作伙伴关系以及巴基斯坦在欧亚大陆结合部的枢纽地位，在中国外交格局中具有重要战略意义。中国将巴基斯坦视为中国周边外交的重要支点，而巴基斯坦则将对华关系视为其对外政策的基石。中巴两国应共同携手，抓住机遇，克服挑战，加强双方的经贸合作，努力做到政治、经济关系的平衡发展，用源源不绝的经贸之砖不断巩固中巴间“全天候、全方位”友谊的城墙。

外交篇

试析我国对巴基斯坦的多层次文化外交及其必要性*

李　坤**

［内容提要］中巴建交后的60年里，双方进行了一定程度的文化交流。但由于条件所限，文化交流的视野比较狭窄。事实上，中国对巴基斯坦文化外交可以有多重层次和渠道。随着中巴关系的日益深入，对巴基斯坦进行多层次的文化外交也应提上日程。在官方文化交流之外，民间社会力量、在巴基斯坦华人和在巴基斯坦中资公司都具备开展文化外交的载体作用，并具有各自的独特优势。在中国政府有关部门指导下，开展对巴基斯坦多层次文化外交，对于巩固中巴“全天候友谊”具有重要的战略意义。

---

* 本文几经修改后，以“略论中国对巴基斯坦的文化外交”为题，发表在《苏州大学学报（哲社版）》2012年第5期上。

** 李坤，复旦大学国际关系与公共事务学院国际关系专业研究生。

2011年是中巴建交60周年，也是中巴关系史上的一个里程碑。在这60年里，中巴关系“始终保持着和谐、生机和活力，为世界各国共建信任、共塑友谊提供了重要经验”。[①] 巴基斯坦外长库雷希曾用“和而不同”一词生动地诠释了这一关系。他认为，两国虽然有着不同的政治制度、不同的文化和传统，但却缔造了美好温馨的两国友谊，成为国际关系史上的佳话。[②] 然而，我们必须认识到，在一定意义上，中巴友好中仍存在缺陷，即缺乏与政治合作相得益彰的文化沟通。两国有着“不同的文化和传统”，需要我们运用适当的文化交流方式去深化两国在文化领域的合作，以便更好更快地把握和推进两国关系。

有鉴于此，本文将着眼于文化外交应具有的全面性，致力于探讨中国对巴进行多层次文化外交的现实意义和必要性，并在此基础上着重分析对巴文化外交的4个层次，以期更有利于深化中巴两国的“全方位合作”。

一、文化外交的定义及行为主体

文化外交（Cultural Diplomacy），顾名思义即是“以文化

① 荣燕、高洁：“巩固深化全天候友谊——巴基斯坦外长重申巴中友谊重要性”，《中亚信息》2010年第3期，第19页。

② 同上。

传播、交流与沟通为内容所展开的外交，是主权国家利用文化手段达到特定政治目的或对外战略意图的一种外交活动”。[①] 美国学者宁科维奇也认为，文化外交是国际政治中运用文化影响的特殊政策工具。[②] 一般而言，文化外交基于其所涉及的主体，可分为狭义的文化外交和广义的文化外交。

狭义的文化外交指一国政府为主体所进行的以文化交流为载体的外交活动，属于国家行为。例如，政府间签订相关国际文化交流项目、协商文化协定、缔结文化条约、洽谈文化业务、召集和参与各项国际文化会议、组建和加入国际文化组织、保障文化人员的互访、组织文化成果的对外展览，以及有关政府机构执行、实施文化协定与合作项目等。这是狭义的、严格意义上的政府文化外交形式。[③] 1965 年，中巴两国政府签订的文化协定即属狭义的文化外交形式。

广义的文化外交则不仅仅限定于政府之间的协定，而是一国政府对外向国际社会、国外民众（包括各基金会、学术团体、各种协会、宗教机构）所展开的一项国际公共关系活动。这是公众外交形式。[④] 广义的文化外交是通过培植或影响国际舆论，间接左右他国行为来实现一个国家的外交战略意图。[⑤]

---

① 李智：“试论文化外交”，《外交学院学报》2003 年第 1 期，第 83 页。

② Frank A. Ninkovich, *The Diplomacy of Ideas*: *U. S. Foreign Policy and Cultural Relations*, 1938 – 1950, Cambridge: Cambridge University Press, 1981, p. 182.

③ 李智：《文化外交——一种传播学的解读》，北京大学出版社 2005 年版，第 28 页。

④ 文化外交与公共外交都是以国家政府作为外交行为主体的官方正式的外交形式，一方面，他们存在相互交叉、彼此重叠的关系，这个重叠的关系就是公众性的文化外交或者说文化上的公共外交；但另一方面，他们又彼此独立，文化外交是政府间的文化外交，而政府间的公共外交则包括经济、军事等各方面。虽然目前两者重合的趋势越来越明显，但依然有各自的存在领域。

⑤ 李智：《文化外交——一种传播学的解读》，北京大学出版社 2005 年版，第 28 页。

同时也可以直观地理解为“国家之间以及其人民间的思想、信息、艺术和其他方面的文化交流，以培育相互理解”。[1] 广义的文化外交是一个国家通过自己的“软实力（文化、政治价值观）”获得国外民众的信任，从而提升本国的国家形象。一个国家欲营造有利的国际舆论环境，减轻国家行动的外部无形阻力或者提升外部支持力，抑或限于增强两国关系，从而利于两国在政治、经济和军事方面的深入合作，则必须给予文化外交以足够的重视。

本文所涉及的多层次的对巴文化外交属于上述的广义文化外交，即政府支持或参与的一切形式的文化外交活动，包括中巴之间的官方文化交流、民间文化交流、在巴华人和公司企业与巴民众的文化交流等多层次的交流形式。

二、开展对巴多层次文化外交的必要性

中巴两国是能够共患难的友好邻邦和紧密的战略合作伙伴，胡锦涛主席曾经用“好邻居、好伙伴、好朋友、好兄弟”来形容中巴之间的关系，两国在政治、经济、军事等各维度的合作也成为不同社会制度和不同文化背景的国家之间合作的典范。但在紧密合作的背后，我们却必须认识到这样一个事实：

① Milton C. Cummings, *Jr. Cultural Diplomacy and the United States Government*: *A Survey*, Washington, D. C: Center for Arts and Culture, 2003, p. 1.

巴民众对中国的友好感情并非源于与我们民众密切交往而生的“自然亲近感”，而主要是源于多年来“中国对巴政府的坚定支持”。[①] 笔者曾于2010年下半年在巴国家现代语言大学进行过4个月的交流学习，从中可以直观地感受到巴民众对中国存在一种“隔膜”般的友好。在巴期间不难发现，巴民众对于中国抑或中国文化的认知较为模糊，普通民众所熟知的仅限于“功夫”和“李小龙”。而这两项却更多得益于20世纪香港电影和美国电影的影响。这从侧面反映出中国开展文化交流的缺失。基本而言，巴民众对中国的友好印象主要来自于巴政府或者媒体的宣传，即来自于外部信息源的施加，而非通过密切交往而内生的友好情感。有鉴于此，中巴两国关系在某种程度上类似于一个有“短板的水桶”。其文化维度相比政治、经济、军事等其他维度的合作，即是一个“短板”，而这个“短板”会使这个水桶盛装的“友谊之水”可能无法持续增加。[②] 国内已有学者意识到这个问题的严峻性，并提出警告，“缺乏深层次经贸互惠合作和民间往来这两种作为增进财富手段支持的国家关系，一旦外部环境发生变化时，很容易缺乏实质支撑而坍塌”。[③] 联合国教科文组织（UNESCO）的高级官员认为：“文化的多样性和文化间的对话在现代国际政治中占有优先地位，

① 黄君宝、赵鹤芹、毕世宏：“从战略高度认识和深化与巴基斯坦的全面合作”，《亚太经济》2008年第2期，第66页。

② 即管理学上的“水桶效应”，一个水桶无论多高，它盛水的高度取决于其中最低的那块木板。

③ 黄君宝、赵鹤芹、毕世宏：“从战略高度认识和深化与巴基斯坦的全面合作”，《亚太经济》2008年第2期，第66页。

因此没有文化认知就没有办法维护和平”。[①] 换言之，没有广泛的文化认知，中巴“全天候友谊”可能难以继续深化。因此，有必要大力开展对巴多层次文化外交，使两国“全天候友谊”健康全面的发展和巩固，避免“短板”消耗其他维度已获得的成就。

其次，在信息时代以及全球化日益成熟的今天，文化外交已成为世界各国的重要外交手段。发达国家早已开始利用文化谋取其地位，如“在海外推广法国文化成为法兰西外交的重要组成部分”。[②] 其实，新中国成立伊始，即意识到文化外交工作的重要性。周恩来总理就曾指出：“文化是外交工作的两翼中的一翼（另一翼是经济）。”近年来，中国前驻法大使吴建民也认为：文化同政治、经济，构成中国外交的三大支柱。[③] 但在实际行动上，重视文化外交则只是近年来的事情。2004 年之后，中国“才开始逐渐在国外建立孔子学院”。[④] 文化外交作为实现国家外交政策目标的重要外交形式之一，必须要为一国的总体外交目标服务。巴作为中国推行南亚政策与中东政策的桥头堡，具有重要的战略意义。从软硬实力的角度而言，文化外交作为拓展软实力的一个重要途径，对硬实力的有效使用也有重要的意义。英国一份研究报告更是指出，“在 21 世纪，那些将软硬实力相结合，面对面、手拉手的协作的国家将更容易达

---

① Institute for Cultural Diplomacy, http://www.culturaldiplomacy.org/pages/institute/index.htm (Mournir Bouchenaki, Assistant Director——General for Culture at UNESCO).

② Richard Pells, Not Like Us (New York: Basic Books, 1997), pp. 31 – 32.

③ 转引自李智：《文化外交——一种传播学的解读》，北京大学出版社 2005 年版，第 17 页。

④ “孔子学院总部”，http://www.hanban.edu.cn/hb/node_7446.htm。

成它们的目标”。[①] 对巴多层次的文化外交不仅有助于中巴两国关系的推进，也有利于中国与西亚、北非地区的文化交流，为中国在伊斯兰世界的外交布局提供重要的文化支撑。

再次，从世界范围来看，开展多层次的文化外交已经是大势所趋。美国就“调整了对外文化战略，对外‘全面扩展和接触’。其战略重点对象宽泛化”。[②] 美国政府还认为，“文化外交能够以一种微妙和可持续的方式，在广阔的范围上提高其国家安全”。[③] 中国也有必要拓宽对巴文化交往渠道，将相对狭隘的文化外交扩展为多层次的文化外交，使传播范围更广、效率更高。这样在弥补官方文化外交的“缺憾”[④] 的同时，也利于有效的传播中国文化，促进两国人民之间的了解，并促进深层次的相互信任。

三、对巴文化外交的几个层次

（一）坚持发展对巴官方文化交流

文化外交是为了树立一个国家的国家形象，因此官方文化

---

① Kristen Bound, Rachel Briggs, etc. “Cultural Diploma”, www. demos. co. uk/files/Cultural% 20diplomacy% 20 – % 20web. pdf.

② 李智：《文化外交——一种传播学的解读》，北京大学出版社 2005 年版，第 85 页。

③ U. S. Department of State, “*Cultural Diplomacy: The Linchpin of Public Diplomacy*”, Report of Advisory Committee on Cultural Diplomacy, Sep. 2005, www. state. gov/documents/organization/54374. pdf.

④ 参见 Frank Ninkovich, U. S. Information Policy and Cultural Diplomacy. Foreign Policy Association, 1996, p. 5.

交流必须在其中起到主导作用，也必须承担对外文化交流的管理工作。

中巴两国自建交后，两国之间的文化交流与合作便逐步得以发展，并不断深化和扩展。60 多年来，中巴之间的文化交流形式多种多样，渠道广泛，日益扩展到各个层次。特别是在 2010 年 12 月 19 日温家宝总理访问巴基斯坦期间，与巴政府签署了《中华人民共和国与巴基斯坦伊斯兰共和国联合声明》。该声明第十四条明确规定：双方同意全面扩大文化、体育等人文领域交流与合作，深化两国大学、智库、学术机构、新闻媒体、影视等方面的广泛交流；两国决定互设文化中心；双方决定保持并逐步扩大中巴百名青年互访制度，加强在青年干部培训、青年企业家交流和青年志愿者服务等方面的合作；中方邀请100 名巴基斯坦高中生来华参加“汉语桥”夏令营活动，并继续向巴基斯坦大学生提供孔子学院奖学金名额；自 2011 年起，中方将在三年内向巴方提供 500 名政府奖学金名额。[①] 可以预见，这个声明将极大地促进两国间政府层次的文化交流活动，并带动其他方面的交流与合作。“孔子学院”作为我们对外文化交往的一个主要载体，在世界各地都取得了不错的成效，也必将促进巴中青年间的交流。

除此之外，驻巴外交人员是中国对巴公共外交的“前方人员”，在一定意义上也是文化外交的“前方人员”，他们的作用和贡献不容忽视。驻巴外交机构和人员在一系列外交活动中，

① 中华人民共和国与巴基斯坦伊斯兰共和国联合声明（全文），http：//news. xinhuanet. com/world/2010 - 12/19/c_ 12895927_ 3. htm。

应展现中华民族的精神，展示个人外交魅力，提升巴国民众对中国的浓厚兴趣和良好印象，同时也要注意在巴国树立中国人团结、热情、待人为善的良好形象。这对于巴民众增进对中国的友好感情有着重要的作用。

另外，除孔子学院外，“中巴友好论坛”[①] 是有着重要影响力的两国交流项目。中国应从战略的高度将文化交流设定为其重要组成部分，使中巴友谊不单单建立在原则基础上，更建立在文化基础上，使“中巴友谊世代相传”的宣言真正具备文化传承性。为此，中国可以设立友好交流基金，加强两国青年的互访，积极促进人员交流，并努力发展两国之间的旅游，使中巴友谊真正获得全面发展。

（二）大力开展对巴民间文化交流

中华文化“走出去”不仅需要政府，更需要社会力量的广泛参与。“软权力部分由政府创造，部分与政府无关。”[②] 文化部副部长赵少华认为，民间和普通民众也在对外文化交往中发挥着越来越突出的作用，民间文化交流已经成为中国对外文化交流的半壁江山，日渐成为中国文化“走出去”的一支重要生力军。特别是文化企业“走出去”的成效显著，近几年来中国仅音像制品年出口金额就达 2 亿元人民币，产品远销美国、加

---

① 2003 年 3 月由中国国家总理温家宝与巴基斯坦总理米尔·扎法鲁拉·汗·贾迈利共同宣布成立，由两国各领域专家组成，旨在为深化两国关系献计献策。

② ［美］约瑟夫·奈著，门洪华译：《硬权力与软权力》，北京大学出版社 2005 年版，第 154 页。

拿大、日本、韩国和东南亚等地，并涌现了一批出口额超过千万元的公司。[①] 从中我们可以看出，民间社会力量已经是进行对外文化交流的一支重要的生力军。因此，要善用这样一支生力军，为外交大局提供尽可能的支持。

随着中国外交理念向“外交为民”转变，社会力量在外交中也开始发挥重要的作用，民间组织和民间人士在国家整体文化外交中的角色得到提升。中国进行文化外交的目的即是影响对方国家的人民，对外文化交流也是为了促进各国人民间的了解。而民间交流具有亲和力强、成本低等优点，中国要拓展与巴的文化外交，有必要借重民间组织的力量。中国是一个多民族的国家，部分少数民族的信仰与巴人民相同，在文化上具有天然的亲近感。这种特殊的联系拥有政府层面所不具备的比较优势，相信可以为中国的对巴文化外交带来意想不到的惊喜。根据十六大报告的精神，中国有必要大力开展对巴民间外交，扩大对巴文化交流，增进两国人民之间的友谊，推动两国关系的发展。[②]

（三）重视在巴华人的特殊作用

如上所言，在全球化的大潮下，普通民众在对外文化交往中发挥着越来越突出的作用。而中国在推进文化外交方面

---

① “发挥文化外交独特作用，鼓励民间社会力量参与对外文化交流”，http：//www. chinaculture. org/focus/2009 －09/10/content_ 347622. htm。

② “中共十六大报告九：国际形势和对外工作”，http：//news. xinhuanet. com/newscenter/2002 －11/17/content_ 632296. htm。

的优势体现在一句俗语中："有人的地方就有华人。"不可否认，巴基斯坦的中国公民数量的确不如在欧美等发达国家的人数，但亦相当可观，且成迅速扩大之势。[①] 这些中国公民在巴生活，与巴人民频繁且密集地接触，他们可以有效地扩大中国与巴人民交往交流的渠道，在展示中国人民形象的同时也有效地增强中华文化在巴的感染力和辐射力。笔者在巴时，曾到国际伊斯兰大学参加在巴中国学生的活动，一些中国学生也自发邀请了一些巴国学生，此类活动增进了中巴两国学生的交流，也是在巴华人自发进行文化交流的一个缩影。

另外，从美国的"富布赖特"[②] 项目中，我们也可以看出个人在进行文化外交方面的重要性。2009 年时任美国驻华大使的洪博培在他北京的住所中宴请赴美的富布赖特学者们时曾说，每位富布赖特学者都是一位大使，都有责任去传播本国的文化，学习对方的文化，推进双方的教育、文化交流。[③] 中巴间也有类似项目，参与这个项目的个人也可以发挥如洪博培所说的作用。

然而，以上所述的作用仍需得到政府相应的指导与支持，

---

① 据 2007 年巴内政部数据，在伊斯兰堡中国公民为 400 多人，在巴中国公民总数为 3000 多人，但 2007 年正是巴国内政治局势相对混乱的时期，2010 年据中国驻巴大使馆人员介绍，在巴中国公民总数约为 3 万多人，在伊斯兰堡人数约为 3000 多人。

② 富布赖特项目是美国前参议员、来自阿肯色州的 J. 威廉·富布赖特提出的立法，于 1946 年建立，是世界上规模最大的国际交流计划，由美国国务院教育和文化事务局按照 J. 威廉. 富布赖特外国学者委员会制定的方针资助对象国的教育工作者、研究人员。专业人员和学生可到美国学习，以增进美国和其他国家的相互了解，参见 http：//chinese. usembassy-china. org. cn/fulbright_ program. html。

③ 此为美国前驻华大使洪博培在宴请接受"富布赖特项目"资助前往美国交流的学者们致辞中所言，为私人谈话性质，参见中央财经大学戴宏伟教授博客，http：//daihw. blog. 163. com/blog/static/3367896201081063522219/。

在正确的引导下，其对发挥中国文化的影响力和辐射力将会有独特的效应，对此中国政府有关部门似乎应该予以重视。

（四）重视在巴中资企业的文化载体作用

2006 年，中巴政府制定了五年经贸合作发展规划。但总体看，2007 年以前中国企业对巴投资较少，2007 年之后对巴投资出现量的飞跃。截止到 2009 年末，中国对巴基斯坦直接投资累计达 14.59 亿美元。[①] 目前，“在巴基斯坦几乎所有的基础设施领域，无论是能源还是交通，都有中国公司的参与”。[②] 在巴投资的公司不仅中国工人众多，而且具备在巴分布较广这些特点。在全球化时代，“非政府组织作为文化外交多元行为体中的一个，也在文化外交活动中起着一定的作用”。[③] 在这方面，日本政府和企业的密切合作就在信息时代“软权力”的增进上引领了潮流。[④] 日本松下公司买下米高梅电影公司后，就认为“米高梅不应再生产批评日本的电影”；[⑤] 而在日本企业的努力下，“日本的大众文化对亚洲的青少年有着巨大的吸引力”。[⑥] 美国的企业这方面也有重要的经验，“美国公司和广告经营者、

---

① “对外投资合作国别（地区）指南——巴基斯坦 2010 年版”，第 19 页，http：//fec. mofcom. gov. cn/gbzn/gobiezhinan. shtml。

② “为中国企业的进步喝彩”，http：//www. gmw. cn/01gmrb/2008 - 12/17/content_869949. htm。

③ 简涛洁：“全球化时代的文化外交”，《文汇报》2010 年 7 月 19 日。

④ ［美］约瑟夫·奈著，门洪华译：《硬权力与软权力》，北京大学出版社 2005 年版，第 154 页。

⑤ “Multinational Movies：Questions on Politics”，*New York Times*，November 27，1990，D7.

⑥ Calvin Sims，“Japan Beckons and East Asia's Youth Fall in love”，*New York Times*，December 5，1999，A3；“Advance of the Amazonsu”，*The Economist*，July 22，2000，p. 61.

好莱坞电影制作室的老板不仅向世界其他地方出售产品，还推销美国文化及其价值观”。[1] 由此可见，公司企业完全可以在国际文化交流中发挥独特的作用。中国在巴投资的公司虽然是盈利性的机构，但依然具备文化载体的作用，完全可以利用自己的特点，通过接受官方资助、执行文化交流项目、开展文化交流活动等方式，参与到对巴文化外交的实践中去。

有必要加以提及的是，中国对巴多层次文化外交是平等的文化交流，不同于霸权国家的“文化输出”，我们必须坚持自愿、互利、双向、平等的原则，促进两国“全方位合作”的顺利发展。另外，我们在进行多层次文化外交时，必须考虑文化外交的对象，不能“以我为核心”，把对外宣传变成“强迫受训”。[2] 毛泽东同志曾指出，要做好宣传之前的调查研究工作，认为“对于自己的宣传对象没有调查，没有研究，没有分析，乱讲一顿，是万万不行的”；“许多人常常以为自己写的讲的人家都看得很懂，听得很懂，其实完全不是那么一回事。”[3] 中国在进行文化外交的活动中，也必须避免出现此类问题。

四、开展对巴多层次文化外交的意义

开展对巴多层次文化外交，对于中巴两国关系具有重要的

① Richard Pells，“Not Like Us”，(New York：Basic Books，1997)，Chapter xiii，p. 33.

② 转引自李智：《文化外交——一种传播学的解读》，北京大学出版社2005年版，第172页。

③ 毛泽东：“反对党八股”，《毛泽东选集》第3卷，人民出版社1968年版，第793页。

战略意义。

首先，对巴多层次文化外交是促进中巴两国人民加深了解与合作的重要途径，这对于夯实两国间持久稳固的合作具有深远的意义。1955 年《亚非会议公报》就曾声明："发展文化合作是促进各国之间了解的最有力的方法之一。"[①] 对于中国和巴基斯坦来说，稳定的双边关系是非常必要的。开展对巴多层次文化外交，可以促进中巴两国的文化相互交流、沟通，通过彼此影响、共同学习增进中巴两国人民的相互理解，培养两国人民的互信，使两国间的共识具备文化基础。

其次，维护中国在巴形象，为华人在当地的安全营造文化环境。国家形象是一国重要的无形资产，它通过其内在吸引力和形象竞争力展示影响。[②] 一个好的国家形象具有无形的内在吸引力，可以激发他国公民的亲近感，建构起一种积极、友好的国民间认同。巴国公民因中国家良好的国家形象而对中国公民产生的良好的情感倾向，无疑可以为我国公民在巴安全营造一个良好的情感环境。当前，维护海外华人的人身安全，已经成为我们外交的一个重点。显然，积极开展文化外交，对于更好地完成上述工作大有裨益。

再次，为中国企业在当地的投资营造理解与友好的氛围。经济利益是国家利益中最重要的组成部分，也是国家间关系的重点领域。中巴近年来经贸来往发展迅速，2010 年 12 月温家宝总理访巴时双方一致认为中巴经贸合作还有很大的提升空

---

① 王缉思：《文明与国际政治》，上海人民出版社 1995 年版，第 251 页。
② 汤光鸿："论国家形象"，《国际问题研究》2004 年第 4 期。

间，发展前景十分广阔。可以预见，将会有越来越多的中国公司前往巴基斯坦投资。而“文化作为一种软实力，其特质似水，柔而有力，沁透人心，潜移默化，具有其他交流无法替代的作用”。[①] 积极有效地开展对巴文化外交，无疑可以为中国企业在当地的投资以及生产和商业活动营造理解与友好的氛围，产生“更持久、更稳定的效果”。

五、结论

文化是一个国家综合国力的重要组成部分，在某种意义上也可以成为巩固国家间友好关系的重要因素。美国总统罗斯福曾认为，“美国的安全有赖于美国向其他国家的人民宣传并获得其支持的能力”。[②] 中巴间的“全天候友谊”也有赖于双方的文化交流并获得两国人民支持理解的能力。随着全球化越来越走向深入，文化作为全球化的重要组成部分在国家间交往中的地位和作用也越来越凸显，文化外交对促进国家间友好，推进双边关系的提升起着独特而不可或缺的作用，美国国务院的一份咨询报告更是视其为“公共外交的关键”。[③]

---

① 黄培昭：“文明古国的文化对接”，《人民日报》2005 年 11 月 11 日。

② ［美］约瑟夫·奈著，门洪华译：《硬权力与软权力》，北京大学出版社 2005 年版，第 154 页。

③ U. S. Department of State，“*Cultural Diplomacy*：*The Linchpin of Public Diplomacy*”，Report of Advisory Committee on Cultural Diplomacy，Sep. 2005. www. state. gov/documents/organization/54374. pdf .

巴基斯坦是重要的友好邻邦，中国须重视并大力发展对巴文化外交，提升中国在巴的文化影响力和辐射力，增强巴基斯坦人民对中国文化的了解，为两国的长期全方位合作与友好外交关系夯实民间基础，巩固友谊的稳定性和可传承性。同时，这也可为两国人民的经贸往来营造良好的文化环境，深入推进中巴两国的“全天候友谊”。这符合两国人民的切身利益。重要的是，文化外交的有效开展不能仅仅局限于官方的正式活动，更要扩展视野，从官方文化交流、民间非正式交流、在巴华人和在巴中资企业四个方面出发，建构一个多层次的文化外交框架。

新世纪中巴关系中的印度因素

葛静静*

［内容提要］中巴建立外交关系以来，印度因素在两国关系中有着重要作用。冷战时期，应对印度威胁成为促进中巴友好关系建立和发展的重要基础。直到冷战结束后相当一段时间内，中印关系虽不断改善，但是南亚地区中巴友好的基本格局未变。新世纪以来，随着印度的崛起以及印度外交政策的调整，中巴关系中的印度因素权重增加，给中巴关系的发展带来一些挑战。中巴两国应该在促进中印巴三角关系良性互动的同时，继续夯实中巴友好的基础，推进中巴关系的深层次发展。

国家之间的“三角关系”是国际社会中常见的权力结构，体现了在一定的地缘政治条件下，特定国家之间因为国家利益依

* 葛静静，复旦大学国际关系与公共事务学院国际关系专业硕士研究生。

存关系，在各自外交战略上表现出的相互关联和互动。[①] 从20世纪60年代起，中国在南亚地区的外交政策与战略一直处于中、印、巴三角关系框架下，印度因素成为影响中巴关系发展的重要因素。

一、中巴关系中印度因素的形成及作用

印度因素在中巴关系中的地位和作用可以从冷战时期中巴外交关系的建立以及冷战结束后一段时期内中巴关系的发展中体现出来。在这两段时期内，印度因素都对中巴关系产生了重要影响。

（一）冷战时期印度因素对中巴关系的影响

冷战时期，中印和印巴之间对立的地缘格局促进了中巴友好关系的建立。20世纪50年代末，中印边界问题不断升温，最终导致1962年中印边界爆发武装冲突。基于当时南亚地区形势的考虑，巴基斯坦采取支持中国的立场，中巴之间的相互信任开始建立，两国之间的边界协定也加速签署。政治互信带动了其他领域的交往，两国随后在经济、技术和文化领域达成了一系列协定。

① 薛勇："中印巴三角关系与中国的南亚政策"，《南亚研究季刊》2007年第1期，第36页。

第二次印巴战争期间，中国给予巴基斯坦回报，支持其反对印度侵略的战争。战争结束后，美国一度停止对巴援助，巴基斯坦经济在一定程度上陷入困境。中国当时虽然正值“文化大革命”时期，但仍向巴提供了相当数量的经济援助，并加强了双边贸易合作。[①] 此外，中国还在军事上给予巴援助，加强了中巴之间的军事合作。

共同对抗来自印度的威胁增进了中巴两国的互信，促进两国在各个领域展开合作，中巴友好、印巴敌视和中印对抗的三边关系基本形成。虽然在冷战后期中印关系开始改善，但是中巴两国的友好合作仍继续保持。

（二）20 世纪 90 年代中巴关系的发展与印度因素

随着苏军撤离阿富汗，特别是冷战结束后，巴基斯坦的战略地位有所下降，中印两国在国际事务中的地位和影响逐渐上升。这一时期，中印关系得到缓和与发展。中印两国恢复和发展了高层接触，进行了经贸、科技领域的合作，开展了军事领域的交流以及国际事务中的磋商。1996 年，中印双方达成构建“面向 21 世纪建设性合作伙伴关系”的共识。

中印关系虽然得到发展，但是印巴关系并没有大的改善，中巴为一方、印度为一方相互牵制的局面在传统安全领域并没

---

① 据统计，从 1965 年到 1968 年，中国向巴提供了 1 亿多美元的无息贷款，两国贸易额显著增长，签订了十多项贸易协定。参见林良光等：《当代中国与南亚国家关系》，中国社会科学文献出版社 2001 年版，第 146 页。

有多少改变。[①] 同时，中巴关系进一步加强。除了传统的政治和经贸领域的合作，两国在文化和军事领域的交流增多。在核能领域，中国支持南亚地区成为无核区，接受了巴基斯坦的积极倡议，展开两国之间民用核能的合作。中巴之间“全天候、全方位”的友谊不断加深。

概而言之，从中巴建交直至20世纪末，中巴两国与印度的分歧与矛盾以及印度因素所导致的两国安全关切，在很大程度上促进了中巴特殊关系的形成与发展。即使印度因素发生变化，中巴关系也未出现根本性改变，只是随着这一变量所发生的变化进行了适度的调整。

二、新世纪中巴关系中印度因素的变化

进入21世纪，影响中巴关系的印度因素依然存在并且发生显著变化，其主要表现一是印度的崛起，二是印度对华、对巴政策的调整。

（一）印度的崛起引起中、印、巴实力对比变化

20世纪90年代初，印度实施经济改革，社会经济发展取

① 李昕：“调整中的中印巴三角关系”，《南亚研究季刊》2007年第2期，第45页。

得了较大成就。进入新世纪后，印度经济保持快速增长，产业结构稳步调整，工业体系更趋完整，信息产业发展突出，私营企业发达。印度的军事实力和科技研发力量在发展中国家名列前茅。在国际舞台上，印度也扮演着日益重要的角色。印度的崛起使中印巴三角关系中的实力对比发生变化。（详见表一）

表一：2000—2010 年中、印、巴 GDP 及增长速度情况

年份	GDP（十亿美元）			GDP 增速（%）		
	中国	印度	巴基斯坦	中国	印度	巴基斯坦
2000	1198. 474	460. 182	73. 952	8. 4	4. 0	4. 3
2001	1324. 806	477. 848	72. 309	8. 3	5. 2	2. 0
2002	1453. 827	507. 189	72. 306	9. 1	3. 8	3. 2
2003	1640. 958	599. 461	83. 244	10. 0	8. 4	4. 8
2004	1931. 644	721. 573	97. 977	10. 1	8. 3	7. 4
2005	2256. 902	834. 035	109. 600	11. 3	9. 3	7. 7
2006	2712. 950	951. 339	127. 500	12. 7	9. 3	6. 2
2007	3494. 055	1242. 426	143. 171	14. 2	9. 8	5. 7
2008	4521. 827	1215. 992	163. 891	9. 6	4. 9	1. 6
2009	4991. 256	1377. 264	161. 819	9. 2	9. 1	3. 6
2010	5926. 612	1727. 111	176. 869	10. 4	8. 8	4. 1

资料来源：世界银行，国际数据库，http：//data. worldbank. org/indicator/NY. GDP. MKTP. CD/countries。

印度在南亚次大陆实力超强，呈现一国独大的状况，印巴力量对比全面失衡。长期以来，巴基斯坦在与印度的抗衡中一直处于劣势。冷战结束特别是进入新世纪以来，印巴两国之间的实力差距进一步扩大。1990 年，印度和巴基斯坦的 GDP 分别为3174多亿美元和400多亿美元；[①] 但到了2010年，印度的GDP高达17000多亿美元，而巴基斯坦只有1700多亿，前者几乎是后者的10倍。

进入新世纪后，中印两国的GDP保持较快增长，是全球主要经济体中经济增速最快的国家，其综合国力随之不断增强。由于资源、环境等因素的制约，以及出于社会经济可持续性发展的考虑，中国经济的增长速度很难维持2008年金融危机以前的高位。从中长期看，中国与印度在经济增长的速度上将趋于接近，甚至不排除印度实现发展速度超越的可能。尽管如此，由于中国在人力资本（劳动力）、基本生产能力、技术和制度四个因素上对印度仍占据优势，中印两国之间10年至15年的发展差距在未来10年都不能弥补。[②]

（二）印度对华、对巴政策的变化

1. 印度调整对中国的外交政策

进入新世纪之后，印度对华政策出现一些新的积极因素，中印关系趋于稳定和成熟。2003年1月，时任印度外长的亚什旺特·辛哈在亚洲安全问题研讨会上明确表示，“印度既不追求也不制定建立在印中之间冲突不可避免的信念之上的对华政策。印度的政策建立在印度必然会繁荣的信念基础之上。中国

① 世界各国GDP数据统计，参见世界银行网站，http：//data. worldbank. org/indicator/NY. GDP. MKTP. CD/countries？page＝4。

② 根据复旦大学国际问题研究院常务副院长、美国研究中心主任沈丁立教授在2011年10月31日“当代世界变迁与中国南亚关系发展战略”学术研讨会的发言总结。

的繁荣也是不可避免的。因此，两国学会共存、解决分歧和建立互信是合乎逻辑和理性的，也是符合两国利益的”。[①] 同年11月22日，辛哈就对华政策发表演讲，全面阐述了这一思想。中印两国政府展开了良性互动，双方开辟了一些新的沟通渠道，如中印边界问题外交和军事专家小组会议、安全对话机制以及特别代表会晤机制等，双方还在领土问题上取得一定进展。[②] 2003年，印度总理瓦杰帕伊访华，两国政府发表了《中印关系原则和全面合作的宣言》，这已成为指导中印关系发展的纲领性文件。此后，两国政府签署了一系列文件，以进一步促进双边关系的发展。[③]

印度对华政策的调整与其寻求周边地区稳定和谋求大国地位的愿望密不可分。一方面，印度强调了与中国存在共同的现实利益。印度除了就边界问题和相关安全事务同中国谈判磋商外，还积极拓展了对华关系的范畴，经贸事务占了越来越大的比重，在地区合作、非传统安全、环境保护等领域也展开了积极的合作。另一方面，寻求中国支持其成为联合国安理会常任

① 随新民：《印度对中国的认知与对华政策》，河南人民出版社2008年版，第72—73页。

② 2003年瓦杰帕伊总理访华，双方签订了《两国关系原则和全面合作的宣言》，印度首次公开以书面形式“承认西藏自治区是中华人民共和国领土的一部分”，印度在西藏问题上的模糊性退色。2005年4月温家宝总理访问印度时，双方签署《中印关于解决边界问题政治指导原则的协定》，进一步解决边界问题。参见随新民：《印度对中国的认知与对华政策》，河南人民出版社2008年版，第72—73页。

③ 2005年中印两国总理签署两国政府联合声明，宣布建立“面向和平与繁荣的战略合作伙伴关系”。两国在政治、安全、经济、边界领土等问题上都达成了广泛共识并在合作领域取得进展并宣布2006年为“中印友好年”。2008年1月，印度总理辛格对中国进行正式访问。双方签署《中印关于二十一世纪的共同展望》，加强双边合作，促进区域贸易。2010年是中国印度建交60周年，双方高层进行了一系列的双边会见和密切沟通，参见《中国同印度的关系》，中华人民共和国外交部网站，2011年3月，http：//www. fmprc. gov. cn/chn/pds/gjhdq/gj/yz/1206_ 42/sbgx/。

理事国成为印度对华政策的一项重要内容，也是两国领导人进行会晤时的重要议题。同时，印度的决策层也意识到，未来的中印关系还面临一些挑战，“构筑同中国长期、稳定的合作关系”仍旧是一项复杂的任务，这需要时间和耐心……而高层互访和多渠道的沟通磋商有助于这一进程。与此同时，印度还需要对中国的真实意图和致力于经济、科技、军事强国的政策保持警觉。[①]

2. 印度对巴基斯坦外交政策的变化

新世纪初期，由于受印巴之间核军备竞赛的影响，两国关系相当冷淡。2001 年 12 月印度议会大厦遭到恐怖袭击后，印巴局势骤然紧张，两国关系恶化，一度处于战争危机中。后经国际社会积极斡旋，印巴双方也意识到战争并非解决两国争端的出路，危机方得缓解。此后，推进印巴关系的改善和正常化成为印度对巴政策的重点。从 2003 年开始，印巴双方共同努力，为改善双边关系，维护地区稳定，陆续提出一系列相关措施，包括恢复互派高级专员赴任等，两国关系实现了正常化。2004 年 6 月，印巴和平进程开始，在一些事务性议题和分项对话上取得进展。2005 年 4 月，穆沙拉夫总统应辛格总理邀请访问印度，并与印方发表联合声明，强调印巴和平进程“不可逆转”。[②] 2006 年 3

① J. N. Dixit, *India's Foreign Policy and Its Neighbors*, New Delhi: Cyan Publishing House, 2001, p. 234.

② “India, Pak agree on more contact, less terror”, Apr. 18, 2005. http://times of India. India times. com/world/India - pak - agree on more - contact - less - terror/article show/1080769. cms（网上查证时间：2011 年 4 月 30 日）。

月，印巴两国开始讨论锡亚琴冰川地区的非军事化问题，表明双方已在政治对话框架内寻求解决领土争端的方法，随后两国外长签署了一份有关避免双方因突发事件而意外引发核战争的协议。2007年印度开往巴基斯坦的火车发生爆炸事件，双方都认定那是一起故意阻挠印巴和平进程的破坏事件，而不是像以往一样相互指责，使两国关系紧张。[①] 2009年7月，印巴双方签署《沙姆沙伊赫联合公报》，两国明确表示将坚持通过对话解决分歧、逐步增加互信这一原则，不断推动双边关系的改善和发展。[②]

三、印度因素的变化对中巴关系的影响

印度的崛起及其对华、对巴政策的变化对中巴关系产生影响。一方面，印度在南亚次大陆的重要性不断上升，中印关系的发展在一定程度上使巴基斯坦认为，中国已不再将印度视为军事上的对手和潜在的敌人，而巴基斯坦还没有从根本上改变对印政策。另一方面，由于中印、印巴之间存在的矛盾和利益分歧，印度因素对中巴关系的影响必然是有限的，中巴关系仍将继续巩固和发展。

---

① 李昕："调整中的中印巴三角关系"，《南亚研究季刊》2007年第2期，第46页。

② "Text of Pakistan - India joint Statement", 17 Jul. 2009, http://www.dawn.com/wps/wcm/connect/dawn - content - library/dawn/news/world/13 - Text - of - Pakistan - India - joint - Statement - Za - 09（网上查证时间：2011年12月20日）。

（一）对中巴关系产生间接影响

1. 外交层面——中国对印巴平衡政策的出台

1999 年印巴两国爆发卡吉尔冲突后，中国采取中立姿态，在印巴之间推行平衡外交。[①] 中国对南亚政策的调整旨在摆脱冷战时期的固有模式，使中巴关系与中印关系脱钩，让两对双边关系的发展并行不悖，形成相对平衡和稳定的中印巴三角关系。中国积极支持印巴双方通过谈判协商的方式，解决双边关系中存在的问题，缓和克什米尔地区的紧张态势，同时也不希望因中巴关系而妨碍中印关系的发展，或因发展中印关系而忽视中巴关系。

中国所采取的平衡、公允的态度消除了印度的一些疑虑。中印关系的迅速发展与南亚局势的缓和以及巴基斯坦改善对印关系保持了同步，但是仍旧不可避免地引起了巴基斯坦的一些疑虑。[②] 2005 年 4 月，在中印两国政府首脑发表的联合声明中，中方表示“理解并支持印度在联合国和国际事务中发挥积极作用”。其实，中国在声明中并没有明确表示支持印度成为联合国常任理事国，但还是被包括巴基斯坦在内的许多国家的媒体解读为中国支持印度入常，[③] 从而引起巴方的不安。

---

① 李昕：“调整中的中印巴三角关系”，《南亚研究季刊》2007 年第 2 期，第 45 页。

② 张蕴岭：《中国与周边国家：构建新型伙伴关系》，社会科学文献出版社 2008 年版，第 285 页。

③ 叶海林：“结构不均衡问题对新形势下中巴关系的影响”，《当代亚太》2006 年第 10 期，第 16 页。

2. 经济层面——中印经贸合作迅速发展

从贸易发展数额看，如表二所示，新世纪中印贸易和发展速度要远远超过中巴贸易和发展速度。2000 年，中印贸易额是中巴贸易额的 2.5 倍，而到了 2010 年中印贸易额已是中巴贸易额的 7 倍，在数额总量上将后者远远抛在后面。2008 年，中国成为印度最大的贸易伙伴，双方在经贸领域的密切交往促进了相互关系的进一步发展。

表二：中巴、中印贸易总额统计表（金额单位：亿美元）①

年度	中巴贸易历年统计			中印贸易历年统计		
	总额	中国出口	中国进口	总额	中国出口	中国进口
2000	11.62	6.7	4.92	29.14	15.60	13.53
2001	13.97	8.15	5.82	35.96	18.96	16.99
2002	18.0	12.42	5.58	49.45	26.71	22.74
2003	24.3	18.55	5.75	75.95	33.43	42.51
2004	30.61	24.66	5.95	136.04	59.26	76.77
2005	42.6	34.3	8.3	187.0	100.48	66.05
2006	52.47	42.4	10.07	248.61	155.5	77.8
2007	65.39	54.33	11.05	341.4	247.1	94.3
2008	69.81	59.75	10.06	407.4	308.1	99.2
2009	67.8	55.6	12.9	386.4	287.9	98.5
2010	86.7	69.4	17.3	617.6	409.2	208.4

数据来源：中国外交部、中国商务部。

① 中国外交部，“中巴贸易统计表”，http：//www.fmprc.gov.cn/chn/pds/gjhdq/gj/yz/1206_3/sbgx/和中国商务部，“国别报告”，http：//countryreport.mofcom.gov.cn/default.asp。

长期以来，印巴两国对中国的出口贸易很大一部分都是原材料的出口，本身存在一定的竞争，中印在经贸领域合作的加强一定程度上影响到中巴扩大贸易的机会。同时，巴基斯坦安全局势不稳也导致投资、贸易和承包工程的风险增加，使得一些中国相关企业转向印度。此外，中国制造业在全球名列前茅，而印度在服务业和信息技术业具有优势，两国经济上有较大互补性，使双方互利合作有很大空间。① 在一些学者看来，上述状况在一定程度上影响了中巴经贸关系，对两国的经贸合作也构成一些竞争和挑战。②

（二）印度因素对中巴关系发展的影响有限

1. 中印之间仍存在一些不确定因素

中印两国政府均希望通过各种渠道实现“增信释疑”的目标，不仅在政治层面，而且能够在军事领域、民间开展全方位的友好互动，以不断推动两国关系的发展。中印两国同为崛起中的新兴国家，在很多领域可以开展合作。两国在确保周边稳定、发展国内经济、提高人民生活水平上有共识，也有共同利

---

① Isaac B. Kardon, “China and Pakistan: Emerging Strains in the Entente Cordiale”, Project 2049 Institute, pp. 10 – 11. http: //project2049. net/documents/china_ pakistan_ emerging_ strains_ in_ the_ entente_ cordiale_ kardon. pdf.

② Mathieu Duchatel, “The Terrorist Risk and China's Policy toward Pakistan: strategic reassurance and the ‘United Front’”, *Journal of Contemporary China*, Vol. 20, No. 71, Jul. 2011, pp. 556 – 557.

益。在国际上，两国均主张建立国际政治经济新秩序，构建世界多元、公平、民主的架构，反对外部势力干涉他国内政，在全球温室气体排放和气候变化等问题上也展开了积极的合作。[①]但是，正如有的学者所认为的那样，中印两国之间由于政治体系和意识形态的不同，相互猜疑不断。[②] 多年来，印度国内不时喧嚣“中国威胁论”，其媒体近期一再炒作两国边界、水资源安全等问题，就是最明显的例证。此外，中印两国之间也存在着同质竞争，在吸引外资、拓展市场以及发展军事实力等方面都存在一定竞争。更为重要的是，随着奥巴马政府推行“重返亚太”战略，美国正加大拉拢印度的力度。如果印度附和美国的亚太战略，与美国联手挤压中国在南亚地区的战略空间，就不能排除中印成为战略竞争对手的可能性。

2. 印巴之间的矛盾和分歧难以根本解决

作为南亚地区两个最大的国家，印巴继续保持政治对立、军事对峙和外交对抗已不符合双方的利益，这已经成为印巴两国的共识。但印巴矛盾涉及民族、宗教、领土等诸多难以调和的问题，克什米尔问题悬而未决导致双方在其他议题上经常陷入僵局，两国为此长期处于敌对和准敌对的状态。此外，正如美国外事委员会委员费根鲍姆所言，“冲突双方的国内政治，特别是巴基斯坦，并不有助于两国关系的正常化，更遑论寻找

---

① 王耀东：“2010 年：中印关系面临新起点”，《文汇报》2009 年 12 月 24 日。

② Lampton, David M., *The three faces of Chinese power: might, money, and minds*, Berkeley: University of California Press, 2008, p. 203.

到最终的和平解决方案了”。[①] 同时，南亚地区错综复杂的反恐形势也将两国的分歧拉大。美国“阿—巴新战略”的推出以及美国计划从阿富汗撤军使阿巴地区的局势走向不明。一些学者认为，美国从阿富汗撤退后，印巴应该加强合作，维护地区稳定。但实际上印巴两国在阿富汗重建、南亚反恐等问题上存在重要分歧，近期难望予以消除。从长远来看，两国关系完全正常化和走向稳定发展仍然需要时间。

3. 中巴关系将在新形势下继续发展

有学者认为：“随着印度实力的逐步上升，继续提升其国际层次以及推行针对中国的雄心勃勃的外交政策，中巴关系将会有进一步发展。”[②] 相比中印、印巴关系，中巴之间不存在根本的战略利益冲突，相反却有着长期而广泛的共同利益。对中国而言，中印之间的矛盾和同质竞争使中国不会也不能放弃多年的中巴友谊和长期形成的全面合作伙伴关系，这种合作关系对双方都是举足轻重的。[③] 无论国际风云如何变幻，巴基斯坦都是中国的战略支柱国家，也是中国在南亚地区的战略伙伴。[④] 对于巴基斯坦而言，印巴关系虽有所改善，但是两国关系中涉及巴基斯坦安全的重要问题都没有解决。因此，中印关系的改

---

① Evan A. Feigenbaum, “India's Rise, America's Interest, The fate of the US – India Partnership”, *Foreign Affairs*, Mar. /Apr. 2010, p. 84. http: //www. foreignaffairs. com/articles/65995/evan-a-feigenbaum/indias-rise-americas-interest（网上查证时间：2012 年 2 月 20 日）。

② Harsh V. Pant, “The Pakistan Thorn in China-India-U. S. Relations”, *The Washington Quarterly*, Vol. 35, No. 1, Dec. 2011, p. 84.

③ 李五一：《大国关系与未来中国》，中国社会科学出版社 2002 年版，第 251 页。

④ 楼春豪、张明明：“南亚对于中国的战略意义与中国的南亚战略”，《现代国际关系》2010 年第 2 期。

善和发展多少会引起巴方的不安。巴基斯坦仍将中巴关系视为其对外政策的基石，并出于自身安全等方面的考虑，不希望中印关系的发展以及重要性高于中巴关系。不过，近年来巴基斯坦对中印关系和美印关系的发展有着理性的认识，同时希望很好地利用与美国和中国的关系这个杠杆来解决好印巴之间悬而未决的争端。

四、中国应对中巴关系中印度因素的思路

面对南亚地区出现的形势变化，中国需重视印度因素在中巴关系中的作用，推进“中、印、巴”三角关系的良性互动，并进一步夯实中巴关系发展的基础，促进中巴两国“全天候、全方位”的合作。

（一）推进“中、印、巴”三角关系的良性互动

中、印、巴三边关系的良性互动和发展符合地区和各方利益。对中国而言，中国的和平发展和崛起需要南亚地区的和平、稳定与繁荣；对印度而言，印度的崛起离不开与其周边两个主要国家和平共处；对巴基斯坦而言，解决克什米尔问题以及推进印巴和解进程是其对外政策的重点。因此，中国需要打消巴基斯坦就中印发展而产生的顾忌，同时通过中国的影响适

当促进印巴争端的和平解决，并让巴基斯坦理解中印关系的改善和发展不会影响中巴关系，更不会以牺牲中巴关系为代价，反而更有利于印巴关系的改善。同时，中巴关系的稳定发展可以在中印巴三角关系中增加中国的权重，为中国在中、印、巴三边关系中提供更多的政策空间。

2005 年 4 月，中印、中巴、巴印首脑峰会的分别举行是中印巴三角关系进入良好发展轨道的重要起点。中印首脑峰会和中巴首脑峰会，分别将中印关系和中巴关系提升到了不针对第三国的“战略合作伙伴关系”的新阶段。除了双边关系的改善和发展之外，中印巴还通过其他一些地区和国际机构加强三方合作。例如，中国政府倡导成立的“上海合作组织”就为中、印、巴三方合作提供了一个平台。[①]

（二）继续夯实中巴关系发展的基础

中国需充分认识巴基斯坦对中国的重要地缘政治意义以及在中国的大周边战略中巴基斯坦所具有的超越南亚地区的重要作用。在地缘政治上，巴基斯坦是中亚、南亚、西亚和东亚的结合部，更是中国通往非洲、中东的重要桥梁和中转站，以及

---

① 2005 年 7 月的哈萨克斯坦首都阿斯塔纳“上海合作组织”峰会同时给予巴基斯坦和印度以观察员地位。“上海合作组织”中的中亚共和国都是伊斯兰国家，有着丰富的石油天然气资源，在“上海合作组织”的框架下与中亚国家合作，会给中印巴以及所有相关国家带来巨大收益。这些收益不仅限于经济领域，而且将扩展到其他更广阔的领域，如克服不同文化间的猜忌、极端主义、分离主义和恐怖主义。与此同时，中国也成为南亚国家联盟的观察员。参见尚劝余：《尼赫鲁时代中国和印度的关 1947—1964》，中国社会科学出版社 2009 年版，第 325—326 页。

走向印度洋的重要通道。作为唯一愿意成为中国能源走廊和贸易走廊的国家,[①] 巴基斯坦对于中国破解“马六甲困局”，维护中国的能源安全意义重大。在经贸领域，中国的西部大开发战略以及与南亚地区的经济合作需要巴基斯坦国内的稳定和经济发展所带来的稳定市场。在非传统安全领域，中巴反恐合作将成为中巴关系的新支柱，共同打击“东突”势力等“三股势力”，对于遏制疆独分子、维护新疆地区的安全、稳定和发展具有重要意义。此外，巴基斯坦是伊斯兰世界的核心国家，也是穆斯林世界中唯一拥有核武器的国家。作为中国在穆斯林世界中最主要的合作伙伴之一，巴基斯坦应被视为中国与穆斯林世界建立持久战略关系的桥梁和通道。在国际社会上，中巴两国对联合国改革、气候变化、能源安全和粮食安全等问题立场一致，双方的深层次合作对于维持世界和平与促进世界发展有重要的意义。[②]

中巴友谊和两国关系的发展有其历史和现实的特殊性，正如巴基斯坦前任总统穆沙拉夫曾说：“对中国而言，巴基斯坦通往全世界；对巴基斯坦而言，中国巩固大后方。”[③] 我们有理

---

① 周戎：“中巴关系注入新活力”，《南亚研究季刊》2007 年第 1 期，第 26 页。

② ［巴基斯坦］阿迈 · 库瑞希（Ajmal M Qureshi），张超哲译、杨勇校：“中国的崛起与中巴关系的战略走向”，《南亚研究季刊》2009 年第 2 期，第 72 页。

③ 巴基斯坦前总统穆沙拉夫在四川大学的演讲时，论述到中巴关系的未来，他说：“关于中巴关系的未来，我想告诉中国未来的接班人们，我们之间有卡拉奇高速公路、喀喇昆仑公路相连，我们正在扩建，我还建议铺设中巴油气管道和光纤管道。这些通道的建设将有助于加强中巴之间的经济联系和相互依赖，同时有助于中国打开中亚市场，经过巴基斯坦的瓜达尔港通往世界。这就是我眼中的中巴关系的未来。总之，中巴友谊比山高、比海深。领导人将更迭，政府将换届，但是中巴友谊将世代传承。”参见陈小萍译，陈继东校：“全球和区域挑战背景下的中巴关系——巴基斯坦前总统穆沙拉夫在四川大学的演讲”，《南亚研究季刊》2009 年第 2 期，第 1 页。

由相信，“巴基斯坦将会是中国力量的强力推进器”，[①] 中巴之间的友谊将在新的基础上不断深化发展，迈向新的里程。鉴于上述，中巴双方应共同努力，加强多层次、多领域的合作，进一步夯实两国战略合作伙伴的基础。

五、结语

发展中印关系，深化中巴友谊，促进南亚和平与发展，不仅关乎中国睦邻外交的成败，而且对中国在国际体系和南亚格局中的地位至关重要。面对印度因素在中巴关系中的变化及影响，中国既要看到印度对华、对巴政策调整中的积极因素，也要防止让印度因素左右中巴关系的走向。总体看，中印巴三方应继续增信释疑，为三国和南亚地区的和平与发展事业共同携手，开创“中印巴”三角关系良性互动的新局面。

① 扎尔达里总统认为，“巴基斯坦一直致力于成为中国力量的强力推进器”，参见“China-Pakistan”，KGS Nightwatch，July 7，2010. http：//us1. campaign-archive. com/？ u = 817f179ff76c12de2a4e5ba20&id = 8b35cb599c&e = a51c69d3a3（网上查证时间：2012 年 2 月 20 日）。

安全篇

浅析后冷战时代的中巴核关系

GUO JIA JIAN GUAN XI DE DIAN FAN

章节根[*]

［内容摘要］中巴核合作是中巴关系中的一个重要方面，但两国之间的核关系一直受到西方媒体、学界的误读与质疑。有鉴于此，本文从中巴核合作的发展历史入手并着眼于现状，分析研究影响中巴核关系的主要因素，进而在此基础上思考中巴核关系的未来发展，并提出具体的对策和建议。

尽管中国与巴基斯坦的关系被称为“全天候的朋友”关系，但有关中巴关系的研究却是中国对外关系研究领域一个相对薄弱的环节。国内学界对于中巴关系的研究显然与巴基斯坦在中国外交格局中的地位是不相称的。2011 年是中巴关系建交 60 周年，在这前后曾出现了关于中巴关系的一系列研究成果，这对推进中巴关系的研究有着重要作用。然而，这些研究主要

* 章节根，复旦大学巴基斯坦研究中心助理研究员、博士。

是从宏观方面和战略层面研究中巴关系，而较少对中巴关系的具体方面、具体问题进行深入研究。[①]

在涉及中巴关系的诸多方面之中，中巴安全关系是其重中之重，可谓中巴关系的重要支柱。其中，中巴核合作又是一个始终绕不开的话题。由于这一问题的敏感性，到目前为止国内甚少有研究涉及到中巴核关系，更没有关于这一主题的专门研究。然而，伴随着中巴核合作的每一步进展，国外媒体往往都会大加炒作，国外学界从事国际防扩散问题、南亚问题以及美国外交政策等研究的学者对这一问题也持续关注，并发表了大量学术性和评论性的文章。但由于其立场的局限性，国外的相关媒体报道以及学术研究经常带着偏见去看待后冷战时代的中巴核关系，误读甚至有意曲解了中巴正常的核合作。本文就是要针对这些误解，从中巴核合作的发展历史入手并着眼于现状，分析研究影响中巴核关系的主要因素，进而在此基础上思考中巴核关系的未来发展并提出具体的对策和建议。

一、国外对中巴核关系的误读

冷战结束之后，虽然国际格局以及南亚地区的地缘政治均

① 此类成果可参见杜幼康：“中巴战略合作伙伴关系：相互认知、特点及发展前景”，《南亚研究季刊》2011 年第 2 期；张贵洪：“巴基斯坦的战略地位与中巴关系的未来”，《南亚研究季刊》2011 年第 2 期；孙红旗：“中巴建交六十年：双边关系回顾与思考”，《徐州师范大学学报》2011 年 5 月；郑瑞祥：“中巴关系的发展历程和前景展望”，《南亚研究季刊》2011 年第 4 期；周玉树：“中巴关系需要新的论述”，《内蒙古师范大学学报》等等。

发生了极大变化，但中巴传统的友好安全关系仍然保持下来。毋庸置疑，在加深中巴相互信任以及稳定中巴战略合作的诸多要素之中，中巴在核问题上的友好合作起着至关重要的作用。对于中巴双方而言，这种合作有着其特定的历史背景，同时也离不开双方对各自战略利益的客观评估。对此，西方以及印度的学者或者主要从外部去认识中巴核关系，或者仍然运用冷战思维来看待它，从而不可避免地在有意无意间片面解释、错误解读了中巴之间在核领域的友好合作。

对中巴核关系的最普遍的误解是主要从权力均衡的传统现实主义角度出发来解读中国与巴基斯坦之间的核联系，持这一观点的学者代表是加拿大麦吉尔大学的 T. V. 保罗（T. V. Paul）教授。他认为："中国一直以来都是南亚地区核与导弹扩散的一个重要根源"，中国向南亚转移核与导弹相关的材料和技术，主要是出于"地区权力平衡"以及对其"持久的竞争对手"——印度采取"遏制"战略的考虑。在他看来，中国希望将印度的权力限制在南亚地区，从而抑制印度追求亚洲地区大国的野心；如果印度与巴基斯坦（二者均拥有核武器）之间的激烈冲突以及军备竞赛一直持续下去，印度将继续受制于南亚地区较小的竞争对手，而无力与中国展开竞争。[①] 这种看法一方面无视中印关系持续得到改善的事实，另一方面也没有看到冷战结束以来中国积极参与国际核不扩散机制方面取得的巨大进步。

① T. V. Paul，"Chinese-Pakistani Nuclear/Missile Ties and the Balance of Power"，*The Nonproliferation Review*，Summer，2003.

第二种错误解读是刻意将中巴核合作程度人为拔高，其典型便是将中巴之间的核关系错误定性为“中巴核联盟”（China-Pakistan Nuclear Alliance）。持这一看法的学者认为“中巴核联盟”的主要战略目的是要“围堵”印度，“中国之所以持续不断地为巴基斯坦提供核武器及导弹技术支持，是因为中国将可靠的巴基斯坦核威慑视为中国在南亚的唯一盟友安全保障的最有效途径”；“中巴核联盟”的另一个战略目的是“中国要将巴基斯坦扶植为‘核代理人’”，“运用巴基斯坦的代理功能对付南亚地区可能的核冲突，并利用巴基斯坦在南亚、中东地区搞核扩散”。[①] 这种观点一方面夸大了中国在南亚的战略目标，另一方面更忽略了中巴之间的平等合作以及巴基斯坦在核领域的战略自主性。

以艾西利·特利斯（Ashley J. Tellis）为首的学者则代表了来自华盛顿学界的更强硬的声音。即使是对于中巴之间民用核能合作，这一派学者都持强烈批评态度。在艾西利·特利斯等人看来，中国在2004年加入核供应国集团（NSG）之后，[②] 中国就应该完全放弃与巴基斯坦的核合作。中国与巴基斯坦的核合作与美印核合作完全不同：美印核合

---

① Siddharth Ramana, “China-Pakistan Nuclear Alliance: An Analysis”, *IPCS Special Report 109*, August 2011.

② “核供应国集团”于1975年成立，其宗旨是确保主要核供应国协调和加强核出口控制，防止核领域敏感物项的扩散。该集团通过“核转让准则”及“与核有关的两用设备、材料、软件和相关技术的转让准则”实施出口控制，要求进口国接受国际原子能机构全面保障监督作为核出口条件，严格控制敏感核物项及技术（如后处理、铀浓缩和重水生产）的出口。“核供应国集团”现有46个成员国，每年召开一次全体会议，审议“准则”执行情况。2004年5月27日，该集团全会决定接纳中国为集团成员国。6月10日，中国成员资格生效。参见中国外交部网站：http://www.fmprc.gov.cn/chn/pds/wjb/zzjg/jks/hy/t410965.htm。

作因美国已取得NSG其他成员国的同意，解除了对印度的核制裁，从而使印度成为一个特例，而中巴之间的核合作是秘密进行的，完全绕开了NSG；前者和后者没有关联，美国政府不应该因为美印核协议而忽视中巴核合作，而是应当采取严厉措施阻止中巴之间的核合作。[①] 这种观点是典型的霸道逻辑，完全站在美国和印度的立场上来指责中巴核关系，就是一贯在核不扩散问题上采取双重标准的美国政府也难以采纳。

此外，也有较温和的西方学者，但只是简单地将当前的中巴核合作归结为中国民用核工业的快速发展以及中国对于自身核能技术水平的过度自信。提出这一看法的是卡内基国际和平基金会核政策项目的马克·海布斯（Mark Hibbs）。他认为："中国日益增长的雄心勃勃的核能项目计划正变得越来越独立自主"，"到2020年，中国将成为仅次于美国的全球第二大核电力生产国"；在这种大背景下，"中国力图在未来几年内成为全球核电装备的主要出口者"。据此，他主张将中国对巴基斯坦提供的核出口视为中国这种核出口战略的一部分，不应过分夸大因中巴之间核贸易的政治功能，实际上中国对巴基斯坦核不扩散政策的影响力并不大。[②]

---

① Ashley J. Tellis，"The China-Pakistan Nuclear 'Deal'：Separating Fact From Fiction"，http：//carnegieendowment. org/2010/07/16/china-pakistan-nuclear-deal-separating-fact-from-fiction/39ow.

② Mark Hibbs，"Pakistan Deal Signals China's Growing Nuclear Assertiveness"，http：//www. carnegieendowment. org/2010/04/27/pakistan-deal-signals-china-s-growing-nuclear-assertiveness/4su.

二、中巴核关系的历史回顾

部分国外学者对中巴核关系误读的一个重要原因就是没有考虑到中巴核合作发展的历史背景，并因此没有看到随着时代变迁中巴核合作内容所发生的实质变化。在这种情况下，出现前面提到的一些学者认为中国迄今为止一直在南亚地区搞核扩散的看法也就不难理解了。客观地说，这种现象的出现与中巴核领域合作的不透明也有着重要联系。然而，这种模糊主要存在于冷战年代，在冷战这种特殊的历史背景下，涉及到核合作这种敏感领域，用当今核不扩散的要求去看待那一时期的中巴核关系也是不公平的。而在冷战结束之后，仍然套用中巴在冷战时期的合作模式来看待后冷战时代、尤其是21世纪的中巴核关系，也是极其不科学的。总体而言，以冷战结束和南亚地区核试验这两大历史性事件为界，中巴核关系的发展大致经历了三个历史时期。

第一个时期是从20世纪70年代中期至冷战结束。早在1950年，巴基斯坦就正式承认中华人民共和国，是世界上第三个，也是伊斯兰世界第一个与中国建立外交关系的国家。但中巴之间密切的政治关系始于中印战争之后，这种密切的政治关系是后来中巴紧密核合作的基本前提。巴基斯坦的核项目较印度开始要晚得多，其正式启动可以追溯到20世纪70年代初。

从根本上说，在常规军事力量弱于印度，并且印度一直在秘密发展核武器的情况下，巴基斯坦发展核项目是维护其自身安全的内在需要。寻求与外部合作是其发展核武器的重要途径。由于日益密切的中巴政治关系，巴基斯坦在其核项目启动之初就寻求与中国的合作开启了中巴核合作之门，而中国也乐于开展与巴基斯坦在核领域的合作。西方的学者往往忽视了巴基斯坦寻求中巴核合作的内在驱动，而一味指责中国主动通过与巴基斯坦的核合作在南亚地区搞核扩散，这显然与历史事实不符。明确中巴核合作具体的开始时间是一件比较困难的事情，但据阿里·布托（Zulfikar Ali Bhutto）最后的遗嘱揭示，中巴核合作开始于1976年，在此之前他已经为此作出了11年的努力。[①]又据布托与美国前国务卿亨利·基辛格的谈话显示，这一时期中国与巴基斯坦的核合作主要集中于核后处理技术方面，而不是铀浓缩技术。[②] 将中巴核关系进一步推向深入合作的是1986年中巴之间的一份正式中巴核合作协议，正是这份协议形成了中巴之间核技术转让的密切关系。[③] 由于中巴双方从未正式向外公布这份协议以及透漏这一时期双方核技术转让的具体内容，西方学者主要根据美国的情报机构以及媒体的相关报道得出中国在这一时期帮助巴基斯坦发展核武器的结论，其中难免

---

① Yogesh Kumar Gupta，“Common Nuclear Doctrine for India Pakistan and China”，*Institute of Peace and Conflict Studies*，June 20 2004，accessed at http：//www. ipcs. org/article/india/common-nuclear-doctrine-for-india-pakistan-and-china – 1413. html.

② William Burr，“The China-Pakistan nuclear connection revealed”，The National Security Archive，18 November 2009，accessed at http：//nsarchive. wordpress. com/2009/11/18/the-china-pakistan-nuclear-connection-revealed/.

③ See Siddharth Ramana，“China-Pakistan Nuclear Alliance：An Analysis”，*IPCS Special Report 109*，August 2011.

有捕风捉影、夸大其词之嫌。

冷战的结束开启了中巴核合作的第二个历史时期。相对于冷战时代，此时的中巴核关系面临的外部环境发生了很大变化，其中两个主要变化是：其一，伴随着世界军控与核裁军进程加快，中国也逐步融入国际核不扩散机制，与巴基斯坦之间核合作受到的约束越来越多；其二，美国在军控上采取了更加严厉的措施，以中巴核合作涉及到核相关的敏感产品转移先后对巴基斯坦和中国采取了一系列制裁措施。直至巴基斯坦在1998年进行公开核试验之前，与中国之间的核合作一直饱受西方国家的质疑，其根据同样主要是来自美国的情报。这种指责不仅包括此前盛行的中国向巴基斯坦转移完整的核装置设计模型、帮助巴基斯坦发展浓缩铀项目、为巴基斯坦提供发展核武器相关的材料如环形磁铁等，还逐步转向中国向巴基斯坦转移导弹技术。由于中国在1992年正式加入了NPT，接着又在一年后加入了IAEA，因此中巴核合作已经越来越多地处于国际监督之下。中国在发展与巴基斯坦传统的友好核关系的同时，越来越注重其自身的国际责任与义务。因此，尽管对中巴核关系有诸多怀疑，美国政府在公开场合也只是说中国在1992年加入NPT之前，中国一直在帮助巴基斯坦发展核武器。①

中巴核合作的第三个历史时期则以1998年南亚公开核试验为开端。南亚核试验标志着印度和巴基斯坦两国走上了公开核武器化道路。尽管根据《不扩散核武器条约》的规定，只有

① Archived material，“China's Nuclear Exports and Assistance to Pakistan”，accessed at http：//cns. miis. edu/archive/country_ india/china/npakpos. htm.

1967年前进行公开核试验的国家才能称之为核国家，但这并不能否认印度、巴基斯坦均已经成为有核武器国家的事实。此时的中巴核关系已经演变为一个为国际核机制承认的核国家与一个游离于国际核机制之外并有核武器国家之间的关系。在印巴核试验之后，以美国为首的国际社会对印巴两国实施了核禁运，与这两个国家之间发展核关系无论是在规则方面，还是在实践层面都遇到了困难。另外，中国在2004年加入了NSG，这进一步压缩了中巴核合作的空间。因此，中巴核关系不可避免地受到冲击，但正是因为这种冲击是由外来因素引起的，中巴在核领域的友好合作的性质并未改变。相反，随着巴基斯坦核技术的巨大进步，以及中国民用核能技术的快速发展，两国在民用核能领域的合作却有着广阔的空间。在这种背景下，中巴两国近些年明显加快了民用核能合作的步伐。2005年，中国开始为巴基斯坦提供第二座核电站，这距中国为巴基斯坦提供的第一座核电站已经过去14年的时间。而从2010年起，中国已同意在巴基斯坦中部旁遮普省的恰希玛（Chashma）继续建造两座650兆瓦的核能反应堆，并决定向巴基斯坦供应第五座核反应堆。[①] 至此，在中巴之间的核合作中，主要的合作领域已经不在安全领域，而是在能源、商业领域，并且这种合作完全处在国际原子能机构的监督保障之下。尽管仍受到西方和印度的质疑，但合作进程已不可逆转，并将在新时代的中巴关系中起到积极推动作用。

---

① “中国拟向巴基斯坦供应第五座核反应堆”，参见中国核工业集团网站，http：//www.cnnc.com.cn/tabid/283/InfoID/50348/frtid/446/Default.aspx。

三、影响中巴核关系发展的主要因素

中巴核关系是中巴关系全局中一个重要组成部分，中巴双方对它在各自外交战略中的重要性的认知至关重要，这是思考后冷战时代中巴核关系发展及其走向的内在的也是最重要的因素。而中巴核关系的每一步进展都牵动着南亚地区及地区之外其他相关国家的神经，国际社会对此高度关注，因此不能不受外来因素的牵制与约束。

首先，中巴在核问题上的长期合作是中巴关系全面友好的产物。如前所述，中巴之间在核问题上的合作始于 20 世纪 70 年代中期，发展至今已有 40 多年的历史。其间，尽管国际局势经历了巨大的变动，来自各方面的国际压力也从未停止，但中巴核合作的友好关系从不曾中断，并且持续不断地深入发展着。对巴基斯坦而言，印度是其国家安全上的首要防范对象，而由于国力以及常规军力上与印度的差距，借助外力以及发展战略核力量来平衡印度是理所当然的选择。在外部大国中，美国对巴基斯坦固然重要，但美巴关系的发展历史表明，美国从来就不是巴基斯坦值得信任的盟友，而中国则完全不同。在对巴基斯坦安全利益至关重要的核问题上的态度也体现了这种差别：美国总体上一直对巴基斯坦的核项目进行打压，只是在地区问题上需要巴基斯坦的合作时才会放松管制；中国一直尊重巴基斯坦的安全关切，在其自身资源以及国际规则许可的范围内，最大限度地对巴基斯坦予以支持和帮助。对中国而言，巴基斯坦在中国的周边环境和外交中具有重要的战略地位。[①] 但在中巴关系中一直存在着结构不均衡的问题，即两国在经济合作、人员往来、文化交流领域的合作水平（“低政治”领域）与政治军事等领域（“高政治”领域）的合作水平有着很大差距。[②] 正是因为存在着这种严重的结构不均衡问题，在核问题这样关键领域的长期友好的战略合作对于保持中巴“全方位全天候”的合作关系才显得尤其重要。

其次，南亚地区的地缘政治是影响中巴核关系的最直接因素。西方学者往往以此为视角来解读中巴关系，将双方的地缘政治考虑视为中巴核合作的主导因素。虽然这么做有夸大之嫌，但南亚地区的地缘政治因素确实不可忽略。在南亚地区，一个基本的地缘政治事实是印巴之间的长期对立，而在 1998 年双方均进行公开核试验之后，已演变为两个有核武器国家之间的核对峙。在印巴都在追求可靠的核威慑的进程中，南亚地区的战略稳定面临着严峻的挑战。[③] 与此相对应的另一个不可忽略的地缘政治现实是，近年来印巴关系的逐渐缓和。传统观点认为，印巴之间只要克什米尔问题没有解决，两国的敌对状态就不会结束。但是，随着印度的崛起及其地区政策的转变，

---

① 对巴基斯坦的重要战略地位及其对中巴关系的影响可参见张贵洪：“巴基斯坦的战略地位与中巴关系的未来”，《南亚研究季刊》2011 年第 2 期。

② 叶海林：“结构不均衡问题对新形势下中巴关系的影响”，《当代亚太》2006 年第 10 期，第 10 页。

③ 对于印巴核威慑的不稳定性可参见 S. Paul Kapur，*Dangerous deterrent：nuclear weapons proliferation and conflict in South Asia*，Stanford University Press，2007。

以及巴基斯坦的经济困难及改变其落后状态以缩小与印度之间实力差距的愿望，双方在缓和安全领域的敌对关系、发展其他领域的合作的动机日益增强。此外，冷战后南亚地区恐怖主义形势日趋恶化，恐怖主义分子谋求拥有大规模杀伤性武器的阴影笼罩着这一地区。这不仅对中巴核关系，乃至对中、印、巴三角核关系都有着重要影响。在面对恐怖主义这一非国家行为体的共同敌人时，中、印、巴三方也需在核问题上寻找合作的突破点。

再次，国际核不扩散机制及核扩散的发展态势是影响中巴核关系的重要外部因素。现有的国际核不扩散机制以 NPT 为基石，而根据 NPT 对核武器国家的界定，印度巴基斯坦两个公开进行过核试验的国家显然是非法的，与这两个国家之一发展核关系必然要受到国际核不扩散机制的制约。在冷战之前的相当长时间内，由于中国没有参与到这一机制中，同时又由于机制的主导国——美国，在执行核不扩散政策方面带有明显的利益导向和实行双重标准，中国与巴基斯坦的核关系因巴基斯坦在冷战期间对美国的战略重要性以及中美苏大三角关系的背景，并未受到国际核不扩散机制的严重制约。但是冷战之后，随着中国融入国际核不扩散进程的加快，先后加入了 NPT、CTBT（全面禁止核试验条约）以及 NSG，中国对巴基斯坦进行核技术方面的转让必然要在国际原子能组织的全面保障下进行。同时，又由于在 21 世纪初巴基斯坦“核弹之父”卡迪尔汗涉嫌搞核扩散事件的发酵，中巴核关系更进一步受到国际防扩散机制的制约。冷战结束以来，国际核不扩散机制虽然越来越多地被国际社会所接受，但是亚洲地区的核扩散态势却不容乐观。到目前为止，核扩散比较严重的问题国家基本上都在中国的周边地区。这也不能不影响到中国对外发展核关系，包括与长期友好的战略伙伴——巴基斯坦之间的核合作。

最后，中巴核关系还明显受到大国因素其中主要是美国和印度两个大国的影响。在中巴核关系的发展初期阶段，印度因素明显起着更重要的作用。这除了显而易见的地缘政治因素之外，也与印度本身的核武器开发计划密切关联。印度的核武器化不仅导致了南亚地区的战略不平衡，更因其将中国作为其发展核力量的主要目标而导致了中印在核领域的对立，中巴核合作在冷战时代主要集中于安全领域与此有着重要关联。然而，随着印巴两国核武器化进程的深入，尤其是在两国均公开进行核试验之后，印度在中巴核关系中的影响已经没有此前那么明显。相应地，美国对中巴核关系的影响大幅度上升。这一方面在于冷战后美国外交战略中的巴基斯坦战略地位的下降，另一方面则在于中美之间在核不扩散领域的摩擦日益增多。仅在2000 年到2004 年期间，美国就以防扩散名义对中国公司进行了多达50 次的制裁。[①] 这种名义上因核问题而产生的摩擦，实质上反映的却是作为霸权国的美国与快速崛起的新兴大国之间在国际体系中的话语权的争夺。正是基于这种对中国的防范心理，美国加强了与印度之间在军事领域，尤其是核领域的合

① Daniel. A. Pinkston，“Testimony before：U. S. -China economic and security review commission hearing on China’s proliferation practices and its role in the North Korea nuclear crisis”，US Congress，March 10，2005，accessed at http：//www. uscc. gov/hearings/2005hearings/written_ testimonies/05_ 03_ 10wrtr/pinkston_ daniel_ wrts. php，July 9，2011.

作。这样，除了各自对中巴核关系产生影响之外，美印之间的合作直接成为中巴之间加强核联系的重要动因。美印核能合作协议的推进、美国并为此积极为印度在NSG的规则之中寻找例外的做法，导致了国际核机制对于巴基斯坦的歧视，作为巴基斯坦的关键朋友，中国不能不考虑到巴基斯坦在核领域的合作需求。

四、对中巴发展核关系的建议与思考

从上文的分析可以看出，尽管相对于冷战时代而言，中巴核关系在后冷战时代已经发生了重要转变，但中巴关系的持续稳定发展所遭受的国际社会的质疑一直就没有间断过。由于中巴关系的全局、中巴各自的战略安全乃至商业需求，加之地缘战略因素等原因，中巴核关系并不会因为国际社会的质疑与压力而改变其友好合作的本质。但随着国际核不扩散体制的发展、中国自身核不扩散政策的调整，以及南亚地区地缘格局等方面的变化，中巴核关系也应与时俱进。对中国和巴基斯坦双方而言，为进一步密切双方的核合作，在保持双方传统的友好合作关系的前提下，适度的调整也显得必要并且迫切。

首先，尽管中巴核合作不被西方主导的核不扩散体制认可，但中巴双方并不能因此而回避国际社会的各种压力。相反，将中巴核合作积极融入国际核合作机制作为长远目标，则会为中巴核关系的发展赢得更大的空间。这么做的难处一方面在于西方国家对于巴基斯坦在核扩散领域的不信任，另一方面也受限于中国在国际核不扩散领域的外交能力。如同美国帮助印度在国际核不扩散机制获取例外的核合作资格那样，中国也应帮助巴基斯坦争取核合作的例外资格。尽管成功的可能性很小，但并不能否定这样做的积极意义：一方面使得中巴核合作始终处于与国际核不扩散机制的互动中；另一方面则使得国际社会理解巴基斯坦在核领域的合作需求，而不是一味地指责巴基斯坦。

其次，中巴核合作本身也需要机制化。到目前为止，有关中巴之间的核合作可依据的协议仍需追溯到冷战时代，即 1986 年的中巴核合作协议。但如今中巴核合作的时代背景发生了重要变化，协议内容也需变更。与此同时，协议在形式上也不应再以秘密的方式签订，中巴在核合作上的模糊策略只会招致国际社会的更多质疑。对应于美印核协议，一份清晰、完整的中巴民用合作核协议尽管难以被国际社会认可，但可以减少国际社会对于中巴核合作的担忧。

再次，对中巴核合作的目标定位方面也需适度调整。与传统上双方更注重这种合作的战略价值不同，当今的中巴核合作应强调战略价值与商业价值并重，并在实际操作中更注重实现双方合作的商业价值。为此，中巴核合作的重心将不免从传统的安全领域更多地转到商业贸易领域，这正是目前双方推进合作深入的切入点，也应是中巴核合作的重中之重。

展望未来，只要中巴两国对双边核关系定位清晰明确，基于双方友好合作的传统基础以及在具体领域的切实合作，中巴核关系的深入发展将不可逆转。随着中国总体上进一步融入国际核不扩散机制，中国展开的对外核合作也将越来越受到国际社会的接受。而巴基斯坦在成为事实上的核国家之后，其在核不扩散领域的政策已发生重要变化，其形象也会慢慢得到转变。故而，中巴核合作的外部环境也将得到改善。中巴核合作与国际核不扩散的大环境的良好互动，不仅有利于中巴核关系自身的推进，同时会对整个亚洲地区的核关系产生积极深远的影响。

恐怖主义国际化背景下的中巴反恐合作

王伟华*

[内容提要] 恐怖主义国际化是当代恐怖主义发展的一个重要特点，给中国和巴基斯坦的国家安全、双边关系及本地区的稳定带来了重大威胁。政府间的多层次合作才能有效应对恐怖主义的跨国蔓延。中巴反恐合作立足于国内安全，着眼于双边关系，同时又超越双边关系，面向多边的地区和国际合作。反恐合作已经成为中巴全面战略合作伙伴关系的重要保障和支柱之一。

中国与巴基斯坦互为重要邻国，中巴关系是维护南亚地区稳定的重要双边关系之一。2005 年 4 月，双方签署“中巴睦邻友好合作条约”，宣布发展更加紧密的战略合作伙伴关系。中巴战略合作伙伴关系既是中国周边和谐外交政策的重要组成部

* 王伟华，复旦大学国际关系与公共事务学院国际关系专业博士生。

分，也是巴基斯坦对外政策的重要基石。中巴之间的战略合作是全天候和全方位的，既包括传统的政治和军事合作、日益密切的经济和文化合作，也包括近年来不断升温的非传统安全合作。特别是在非传统安全领域，随着恐怖主义国际化的态势日益凸显，考虑到巴基斯坦在当前国际反恐斗争中的重要地缘政治作用，以及中国维护西部稳定促进经济发展的战略需求，反恐合作正成为中巴战略关系必不可少的一部分。

一、恐怖主义的国际化发展

恐怖主义通常被认为是一种有着更多现代特征的古老的暴力形式，[①] 自面世以来就一直在变化发展。18 世纪末以前，恐怖主义主要发生在一国内部，呈现出本土化特征。从 18 世纪末开始到第二次世界大战结束，恐怖主义有了一个比较大的发展，日益在国际政治斗争中扮演重要角色。一些无政府主义者和民族主义者以恐怖主义为武器，反抗资本主义制度和殖民入侵者。这一时期，最著名的恐怖活动是 1914 年奥匈帝国大公斐迪南德遇刺，该事件成为第一次世界大战爆发的导火索。尽管如此，恐怖主义仍在很大程度上是一个国内意义上的概念。

20 世纪 60 年代这一状况发生了新的变化。从 20 世纪 60

① Earl Conteh-Morgan, *Collective Political Violence: An Introduction to the Theories and Cases of Violent Conflicts*, New York and London: Routledge, 2004, p. 253.

年代开始，恐怖主义进入现代时期，恐怖主义国际化特征日益明显。[①] 中东、欧洲等地出现的众多恐怖主义袭击活动呈现出明显的跨国特征。如1972年9月5日，来自巴勒斯坦的8名“黑九月”恐怖分子在德国袭击参加慕尼黑奥运会的以色列代表团，导致2名以色列教练和官员、9名以色列运动员成为人质被杀。这一天被称为“奥林匹克历史上最黑暗的一天”。

冷战结束后，恐怖主义发展的高度国际化成为其一大特点。许多恐怖主义是由国际矛盾激化所致；恐怖主义袭击的对象不只是本国政府或有关人员，而且更多地指向别国政府，甚至是一些国际组织和跨国公司；各国恐怖主义组织之间的跨国合作与联手行动日益增多。2001年的“9·11”事件是恐怖主义高度国际化的突出案例。以拉登为首的“基地”组织以阿富汗为大本营，在塔利班政权的庇护下，策划实施了针对美国本土的恐怖袭击。作为唯一的超级大国，美国在“9·11”事件后修改了国家安全战略，宣称恐怖主义与大规模杀伤性武器的结合是美国国家安全的最大威胁。[②] 在反恐的旗帜下，美国随后发动了针对阿富汗和伊拉克的战争。美国的反恐战争进一步彰显了恐怖主义国际化给国际安全带来的巨大影响。此后，恐怖分子在全球各地不断制造恐怖袭击事件，如2002年巴厘岛爆炸案、2005年伦敦地铁爆炸案、2006年伦敦希思罗机场恐怖袭击未遂案、2008年孟买连环恐怖袭击案等。一些西方学者认为，这其中许多针对西方目标的恐怖袭击事件都与巴基斯坦

---

① Philip B. Heymann, *Terrorism and America*, Cambridge: MIT Press, 2000, p. 2.

② The White House, *the National Security Strategy of the United States of America*, September 17, 2002.

的极端组织和个人有着直接的联系。[①]

总之，近年来恐怖主义的国际化发展态势日益明显，不仅表现在恐怖袭击的目标选择超出了一国的范围，恐怖行动策划实施的过程可以在多国进行，而且恐怖组织招募筹资的网络也已遍及全球。恐怖主义国际化使其安全影响已超出国界，成为影响国家、地区乃至全球安全的重要因素。巴基斯坦总统穆沙拉夫指出："恐怖主义威胁整个世界。每一个人都直接或间接地被卷入或受到影响。"[②]

二、恐怖主义国际化威胁中巴国家安全

作为主要的非传统安全威胁，恐怖主义国际化是对国家、地区和全球安全的新挑战。尽管恐怖主义国际化对于全球基本的权力结构并未带来根本的改变，[③] 但其带来的恐惧和不稳定往往会对国家行为产生巨大影响。它是国内和国际问题相混合的产物，既是国内问题的国际化，也是国际问题的国内化。恐怖主义国际化正在各个层面对中巴国家安全利益造成损害。

---

① Sumit Ganguly and S. Paul Kaqur, "The Sorcerer's Apprentice: Islamist Militancy in South Asia", *The Washington Quarterly*, January 2010.

② Gen Pervez Musharraf, "Holistic Approach to Tackle Terrorism", in Institute of Regional Studies, *Global Terrorism: Genesis, Implications, Remedial and Countermeasures*, Islamabad: Institute of Regional Studies, 2006, p. I.

③ Kenneth N. Waltz, "The Continuity of International Politics", in Ken Booth and Tim Dunne (eds.), *Worlds in Collision, Terror and the Future of Global Order*, Houndmills: Palgrave, 2002, pp. 348 – 353.

首先，中巴两国都是恐怖主义的受害者，两国国内安全和政治稳定都受到恐怖主义国际化的影响。对中国来说，新疆及中亚地区的“三股势力”（恐怖主义、分裂主义和极端主义）对中国国家安全带来了巨大威胁，对中国的领土完整、国内稳定和经济发展提出了挑战。其中，最为活跃的恐怖组织东突厥斯坦伊斯兰运动（“东突”）鼓吹将新疆维吾尔自治区从中国分裂出去，成立独立的伊斯兰国家。东突恐怖组织还建立训练营，招募新成员，制造爆炸装置，并开展恐怖活动。根据国务院新闻办发布的消息，整个 20 世纪 90 年代，“东突”共制造了超过 200 次恐怖事件，导致 162 人死亡，超过 440 人受伤。[①]它们尝试与境外恐怖组织发展关系，以便获得经费、武器和训练。这些境外的恐怖组织主要位于中亚和南亚国家。[②]

巴基斯坦面临的恐怖主义威胁则更为严重，“反恐任重道远”。[③] 仅就自杀式恐怖主义袭击而言，自 2002 年以来已发生 276 起，造成 4420 人死亡、9557 人受伤。其中，2002—2006 年 5 年时间总共才发生 21 起，而 2011 年 1—4 月就发生了 17 起（表一）。2007 年 12 月 26 日，巴基斯坦人民党主席、前总理贝·托也遇刺身亡，成为近年来在自杀式恐怖主义袭击中丧生的最高级别的政治人物。这些导致大规模人员伤亡的自杀式恐怖袭击活动主要发生在拉合尔、伊斯兰堡、白沙瓦和拉瓦尔

---

① 中国国务院新闻办：“东突恐怖势力难脱罪责”，2002 年 1 月 21 日，http：//www.people.com.cn/GB/shizheng/3586/20020121/652705.html。

② 中国国务院新闻办：“东突恐怖势力难脱罪责”，2002 年 1 月 21 日，http：//www.people.com.cn/GB/shizheng/3586/20020121/652705.html。

③ 唐孟生：“巴基斯坦反恐任重道远”，《南亚研究》2010 年第 1 期，第 45—51 页。

品第等中心城市，约占总数的50%。[①]

表一：巴基斯坦自杀式恐怖主义袭击情况统计（2002—2011年）

年份	次数	死亡人数	受伤人数
2002	1	15	34
2003	2	69	103
2004	7	89	321
2005	4	84	219
2006	7	161	352
2007	54	765	1677
2008	59	893	1846
2009	76	949	2356
2010	49	1167	2199
2011	17	228	450
小计	276	4420	9557

数据来源：根据 South Asia Terrorism Portal 网站数据计算整理，其中2011年数据截止4月底。

巴境内恐怖分子多次卷入国际恐怖袭击事件，严重影响了巴基斯坦的国际形象和国家声誉。同时，国际恐怖主义势力与巴基斯坦境内极端势力的勾结，支持极端势力在巴基斯坦境内的发展和壮大，使巴基斯坦面临塔利班化的危险，严重威胁到巴基斯坦国内局势的稳定。“恐怖主义不仅正在全球范围内玷污巴基斯坦的声誉，而且正在吓退外国投资，并导致政治动

① U. S. Department of State，*Country Report on Terrorism 2009*. http：//www. state. gov/s/ct/rls/crt/2009/.

荡，正在危害巴基斯坦的国家生存。"[①] 由于恐怖主义、极端主义、教派主义和部落主义相互交织，巴基斯坦局势变得更加复杂多变。有学者甚至认为，"巴基斯坦的政治经济形势如果不是令人感到凄凉的话，那至少也是相当严重了。"[②]

其次，恐怖主义国际化对中巴双边关系发展带来了负面影响。自1951年正式建交以来，中巴关系一直保持着良好的发展势头。作为友好邻邦，双边关系不仅在政治和安全领域基础牢固，而且在经济和文化交流领域也进步显著。特别是进入21世纪以来，越来越多的中国人来到巴基斯坦学习、工作和生活。[③] 不幸的是，中国公民正日益成为恐怖分子或极端分子袭击的主要外国目标之一（表二）。近年以来，在巴中国人遇袭事件出现了一些新的变化，主要体现在以下几个方面：第一，袭击地点从部落等偏远地区扩大到白沙瓦、伊斯兰堡等中心地区；第二，袭击目标从针对公派的中国国有大公司工程技术人员扩大到来巴从事各类商业活动的个体人员；第三，袭击意图从借袭击中国人来反对巴政府发展到直接针对中国人。如果类似危害到中国在巴人员安全的恐怖袭击事件不能得到有效制止的话，势必将影响中国在巴基斯坦的投资和经贸活动，从而给

---

① Musa Khan Jalalzai, *the Crisis of State and Security in Pakistan*?, Lahore: Dua Publications, 2002, p. 235.

② Musa Khan Jalalzai, *the Crisis of State and Security in Pakistan*?, Lahore: Dua Publications, 2002, p. 102.

③ 2007年，笔者在伊斯兰堡战略研究所访学，根据中国驻巴基斯坦大使馆的统计，当时在巴工作的中国工程技术人员就已经达到了4000人以上。Luo Zhaohui (Chinese Ambassador to Pakistan), *China's Harmonious Diplomacy and Sino-Pak Relationship*, Speech at the Seminar on Sino-Pak Relationship, Islamabad, October 29, 2007.

中巴关系的全面和深入发展带来负面影响。[①]

表二：中国公民在巴遇袭情况（2004—2011 年）

时间	地点	受害者身份类型	袭击的类型	死亡（人）	受伤（人）
2004 年 5 月 3 日	瓜达尔	公派工程技术人员	汽车炸弹	3	9
2004 年 10 月 9 日	查格马莱	公派工程技术人员	绑架	1	1
2006 年 2 月 15 日	瓜达尔	公派工程技术人员	枪击	3	0
2007 年 6 月 22 日	伊斯兰堡	个体经商人员	绑架	0	0
2007 年 7 月 8 日	白沙瓦	个体经商人员	枪击	3	1
2007 年 7 月 19 日	瓜达尔	公派工程技术人员	汽车炸弹	0	0
小计				10	11

数据来源：根据相关新闻报道收集整理。

最后，恐怖主义国际化加剧了地区安全形势的紧张程度，削弱了中巴两国维护地区稳定的努力。中巴两国都认为南亚地区的稳定繁荣符合中巴两国的共同利益。但自 1947 年印巴分治以来，作为本地区两个最大的国家，印度和巴基斯坦之间一直矛盾不断、关系紧张。这些矛盾使得双方高度缺乏信任。在南亚国家之间，当有恐怖袭击事件发生时，总是存在“指责邻国”的现象。人们总是认为恐怖主义是对手阴谋的一部分。因此，恐怖主义在地区内的蔓延加剧了地区内各国之间的相互猜忌，增加了国家间矛盾和冲突激化的概率。2008 年 11 月孟买恐怖袭击案发生后不久，印度即中断了同巴基斯坦于 2004 年重启的全面和谈进程，印度甚至重新设置和谈的前提，致使印

① 巴基斯坦严峻的安全形势已经严重影响到中巴电力合作的开展。参见陈利君、杨虹：“中国与巴基斯坦电力合作的现状与前景”，《南亚研究》2010 年第 2 期，第 32—39 页。

巴关系一度停滞不前，[①] 直到最近双方才开始有所恢复。印巴双方都是拥有核打击能力的国家，一旦双方爆发战争，将会带来非常严重的安全后果。长期责骂其他国家不仅无助于遏制和铲除恐怖主义，相反只能壮大恐怖组织的势力。[②] 此外，对于正在阿富汗境内进行军事行动的美国和北约来说，巴基斯坦与阿富汗边境地区是反恐战争能否取得胜利的关键地区。由于历史和传统的原因，巴基斯坦政府一直不能对边境部落地区实施有效控制。以美国、北约和阿富汗政府组成的一方据此对巴基斯坦横加指责，美国并多次通过无人机越境打击巴基斯坦部落地区的恐怖分子（表三），引起了巴民众的强烈抗议。上述表明，跨境恐怖主义已经成为地区不稳定的推动因素。

表三：巴基斯坦境内的无人机袭击（2005—2011 年）

年份	袭击次数	死亡人数	受伤人数
2005	1	1	0
2006	0	0	0
2007	1	20	15
2008	19	156	17
2009	46	536	75
2010	90	831	85 +
2011	16	172	25
小计	173	1777	220 +

数据来源：South Asia Terrorism Portal 网站，其中 2011 年数据截至 4 月底。

① 相关印巴全面和谈进程参见陈小萍："印巴恢复和平进程：动因与制约"，《南亚研究季刊》2010 年第 4 期，第 9—14 页；吴兆礼："印巴全面对话：进程、成果与未来走向"，《南亚研究》2010 年第 4 期，第 96—110 页。

② Imtiaz Ahmed, "Contemporary Terrorism", in Nayyar, K. K. and Jorg Schultz (eds.), *South Asia Post 9/11: Searching for Stability*, New Delhi: Rupa. Co., 2003, pp. 63 – 64.

三、反恐成为中巴安全合作的新动力

恐怖主义的国际化发展使得任何国家都无法独自解决这一问题，只有通过双边和多边合作机制才能有效遏制恐怖主义的发展势头，为从根本上解决恐怖主义问题赢得时间、创造条件。

双边合作是多边合作的基础和有机组成部分。考虑到国际社会仍然在恐怖主义的认知上尚无法达成一致，双边合作应是国家在应对跨国恐怖主义时的优先选择。虽然多边合作在目前阶段更多是象征意义，从而缺乏具体操作的可行性，但所有国家都应该根据公认的国际法准则在地区和全球层次展开反恐合作。各种类型的区域组织、联合国及其与反恐相关的附属机构都可以是反对跨国恐怖主义的多边合作平台。由于系统性是恐怖主义的基本特征之一，[①] 所以国家间反恐合作应包括两个主要的组成部分：一是分享情报；二是联合行动。

作为非传统安全合作重要内容的反恐合作应成为中巴关系新的支柱。[②] 中巴两国对于恐怖主义及其应对有着相似的看法。"中巴双方认为，恐怖主义、分裂主义和极端主义对地区和平、

① David J. Whittaker, *the Terrorism Reader* (*2nd Edition*), London and New York: Routledge, 2001, p. 5.

② 中巴战略合作伙伴关系有四个支柱：国防安全合作、政府外交、经贸合作与民间往来。其中，国防安全合作和政府外交是传统的合作领域，需要保持；经贸合作和民间往来则是双边关系的新支柱，需要加强。

稳定与安全构成严重威胁，并重申决心在双边和多边框架内开展实质性合作，共同打击‘三股势力’——恐怖主义、分裂主义与极端宗教势力，维护地区和平、稳定与安全。”① 为此，中巴双方积极合作，在三个层面——双边、地区和全球——开展了富有成效的反恐合作。

首先，双边合作是中巴两国全球反恐合作的主要部分，也是最富有成效的方式。2004 年 5 月 3 日，中国工程师乘坐的车辆在卑路支斯坦省的瓜达尔港遭到恐怖分子袭击。自此，中国在巴公民的安全问题开始引人们的关注。自那时起，巴基斯坦政府开始重视对中国在巴公民的安全保卫工作。这也成为中巴安全合作的重要组成部分。2007 年 8 月 6 日，巴基斯坦内政秘书赛义德·卡马尔·沙阿（Syed Kamal Shah）和中国驻巴大使罗兆辉共同签署备忘录，成立联络工作组，分别由中国驻巴基斯坦大使和巴内政部常秘担任组长负责沟通、协调、落实涉及在巴中国公民安全事务的信息、行动和措施。工作组在巴联邦政府层面每月开一次会议。一旦发生危及中国公民安全的紧急情况，随时会商重要事宜。巴各省建立工作组分支机构。工作组成员包括来自巴内政部、外交部和国家危机管理机构（the National Crisis Management Cell）的高级官员，以及中国驻巴的高级外交官。8 月 16 日，中国驻巴基斯坦使馆和巴基斯坦内政部召开首次保护在巴中国公民联络工作组会议，标志着双方为维护在巴中国公民安全的机制建设迈出了新的一步。此后，双

① 《中华人民共和国与巴基斯坦伊斯兰共和国联合声明》，2006 年 11 月 25 日，http://www.mfa.gov.cn/chn/zxxx/t281532.htm。

方一直定期就中国在巴人员的安全问题举行工作组会议。罗兆辉大使在2010年6月任期结束后，旋即出任中国外交部新设立的涉外安全司司长一职，也反映出上述合作机制是非常成功的。

其他方面的安全合作还包括打击“三股势力”、情报分享和联合反恐军事演习。中巴已经签署并批准了《中巴打击“三股势力”合作协定》。这一协定致力于推动中巴在反对恐怖主义、分裂主义和极端主义领域内的双边合作。尽管这只是一个中巴之间反恐合作的双边协定，但它显示出中国正以此为基础，积极构建一个国际反恐体系。[①] 中巴双边反恐合作取得了丰富的成果。巴基斯坦配合跨国收集东突恐怖分子的情报，粉碎了东突破坏北京奥运会的企图。[②] 一批东突恐怖分子在巴基斯坦境内被抓获或者击毙，如东突领导人艾山（Ashan Sumut）2003年10月2日就在一场反恐行动中被巴基斯坦军队打死。

中巴两国自2003年以来已举行了多次联合反恐军事演习。2003年10月21日，中巴海军在上海附近的东海水域举行了联合搜救演习。反恐是其中课目之一。这是自1949年以来中国海军首次与外国海军进行的非传统安全领域演习。2004年8月6日，两国在新疆维吾尔自治区举行了第一次陆上联合反恐军事演习。这次演习的主要目的在于，针对可能的来自巴基斯坦或者阿富汗的新疆恐怖分子的恐怖行动演练联合应对措施。

① 此前中国已经和中亚的吉尔吉斯斯坦、哈萨克斯坦、塔吉克斯坦以及乌兹别克斯坦分别签订了打击“三股势力”的双边协定。

② 穆沙拉夫：“全球和区域挑战背景下的中巴关系——巴基斯坦前总统穆沙拉夫在四川大学的演讲（节译）”，《南亚研究季刊》2009年第2期，第1—4页。

2006 年 12 月 11—18 日，中巴两国在巴基斯坦阿伯塔巴德地区举行了代号为“友谊—2006”的联合反恐军事演习，主题是如何在山地条件下进行反恐作战。这次演习旨在共同打击恐怖主义，加强中巴两国在非传统安全领域的交流与合作，维护本地区的和平与稳定。2010 年 7 月 3—9 日，中巴两军在中国宁夏回族自治区青铜峡地区进行了代号为“友谊—2010”的反恐联合演练。

其次，在区域层次上，中巴反恐合作主要有两个平台，即上海合作组织（上合组织）和南亚区域合作联盟（南盟）。上合组织已经举行了数次成员国之前的联合反恐军事演习。“9·11”事件后，中国定期与中亚国家和俄罗斯举行联合反恐军事演习。最初是双边的，继而发展到在上合组织的多边框架内举行。2005 年 7 月，在上合组织成员国阿斯塔那首脑峰会上巴基斯坦被接受为观察员。关于巴基斯坦的上合组织观察员资格对其政策选择的影响，巴基斯坦战略研究所的拉合曼（Fazal-ur-Rahman）教授指出：“尽管巴基斯坦已经与一些上合组织成员国签署了双边的反恐合作协定，但上合组织的区域反恐架构将有助于巴基斯坦以更多样的方式在更广的范围内将反恐合作机制化。”[①] 巴基斯坦政府认为，作为恐怖主义的受害者和反恐战争的前线国家，巴基斯坦与上合组织的伙伴关系将有助于消除恐怖主义，其参与上海合作组织将提升该组织反恐的能力。[②]

巴基斯坦成为上合组织观察员不仅有助于其加强与其他上

---

① Fazal-ur-Rahman, “Pakistan Embraces the ‘Shanghai Spirit’”, *Strategic Studies*, Vol. XXV, No. 2, Summer 2005. http://www.issi.org.pk/journal/2005_files/no_3/article/a2.html.

② “Partnership with SCO to help fight terrorism”, *Dawn*, August 17, 2007.

合组织成员国之间的关系，而且为中巴两国的传统合作提供了新的机制性平台。同样，中国在 2006 年成为南盟的观察员也是如此。上合组织与南盟作为本地区两个最为重要的区域合作平台，应该而且能够在未来的区域反恐合作中发挥更大的作用。目前，南盟各国已经签署了《南亚反恐公约》及其《附加议定书》，但区域层面的具体执行机构还不完善。随着本地区恐怖主义活动的日益猖獗，南亚各国领导人已日益注意到合作反恐的重要性。南盟成员国警察首长会议呼吁设立一个常设机制，以提高成员国在反恐问题上的合作。[①] 中巴作为这两个组织中的重要成员，应该共同努力，促进区域层面反恐平台的搭建。

最后，在多边领域，中巴两国一直互相支持，是重要伙伴和政治盟友。因此，中巴两国可以在联合国和其他与反恐相关的多边框架内进行合作，共同打击跨国恐怖主义。在联合国框架内已经通过了许多相关的决议，但实际操作存在缺陷，主要是象征意义。在联合国的框架之外，也存在一些多边的反恐倡议，例如全球反对核恐怖主义倡议（the Global Initiative to Combat Nuclear Terrorism，简称 GICNT）。该倡议由美国总统布什和俄罗斯总统普京于 2006 年 7 月 15 日在俄罗斯的圣彼得堡发起，旨在加强应对核恐怖主义全球威胁的伙伴国家的能力建设。其目的在于确保核设施和核活动的安全，包括避免民用核项目被用来发展核武器或者被恐怖组织袭击。2006 年 10 月

---

① 关于南盟地区反恐合作参见王伟华：“南盟地区的反恐合作机制及其影响”，《亚非纵横》2009 年第 2 期，第 20—25 页。

30—31日，中国参加了在摩洛哥拉巴特（Rabat）举行的该倡议第一次会议。巴基斯坦参加了2007年6月11—12日在哈萨克斯坦举行的第三次会议。核武器作为一种关系国家安全和核心利益的战略设施具有相当的敏感性，相关国际合作的深度有限。但核恐怖主义潜在的灾难性威胁也正日益被越来越多的人认识到，各国联手应对核恐怖主义将是未来国际反恐合作的重要课题之一。

在全球层次上，中巴可以互相协调立场，推动国际间的合作。对于恐怖主义的定义及其应对措施，西方发达国家和广大发展中国家之间存在许多的分歧。这一点也是影响全球层面反恐合作不能有效开展的重要原因。作为发展中国家，中巴对这些问题的看法是相近的，完全可以一起努力推动国际反恐合作向前发展。

四、结语

恐怖主义国际化蔓延的现实要求中巴两国必须展开跨国反恐合作。反恐合作既反映了中巴两国之间的传统友好关系，也体现了两国之间现实存在的互利关系。反恐合作作为一项具体措施，为两国传统友谊奠定了新的坚实基础。对中巴两国来说，反恐是其核心国家利益的一部分，事关国家安全、政权稳定以及领土完整。随着恐怖主义国际化程度的不断加深，两国在反恐领域的共识也越来越多，合作不断推进，平台也在不断拓展。反恐合作已经成为双方安全交流机制的重要组成部分，在中巴战略伙伴关系中扮演着不可或缺的角色。近年来，伴随着中印等新兴大国的群体性崛起，中印关系日益升温。如何为中巴全天候战略合作伙伴关系注入新的内容和活力，已成为中巴关系的迫切议题。中巴反恐合作立足于国内安全，着眼于双边关系，同时又超越双边关系，面向多边的地区和国际合作。反恐合作已经成为中巴全面战略合作伙伴关系的重要保障和支柱之一。

英文篇

Pakistan-China Relations*

Ambassador Masood Khan

Where do the relations of Pakistan and China stand today? Let me start with the Joint Statement issued by Pakistan and China on December 19, 2010.

While reviewing with satisfaction the evolution of the relations in the past 59 years, the two sides highlighted the following four points: (1) It is important to deepen the China-Pakistan all-weather strategic partnership; (2) China-Pakistan relations have gone beyond bilateral dimensions and acquired broader regional and international ramifications; (3) Friendship and cooperation between Pakistan and China serve the fundamental interests of the two countries, and contribute to peace, stability and development in the region and beyond; and (4) The two sides will enhance their strate-

* Speech deliverd at Fudan University, Shanghai, March 3, 2011.

gic coordination, advance pragmatic cooperation, and work together to meet the challenges in pursuit of common development.

This then in a nutshell is the status of the overall political and strategic ties between Pakistan and China.

Let us go briefly into the history. Scholars and students are familiar with recent history of Pakistan-China relations. But our relations go far back into history. It is obvious that the territories of Pakistan and China are joined by mountains and rivers or the so-called geographical *fault lines*. But I would say that Pakistan and China also share civilizational *fault lines*. Monks and envoys traversed the daunting heights of the Karakorum, the Hindukush and the Himalayas to connect the Gandhara and the Indus Valley Civilizations with the Chinese Civilization. Fa Xian and Xuan Zang, in the fourth and seventh centuries respectively, were not deterred by the inaccessible altitudes of these mountain ranges. Many scholars from the territory that constitutes Pakistan now traveled to China to understand and imbibe the glorious civilization of China. So, cross-fertilization of our civilizations took place much before the modern era.

The founding of the People's Republic of China in 1949 was a truly historic event. And so was the independence of Pakistan in 1947. Pakistan recognized China on January 4, 1950, and established diplomatic relations on May 21, 1951 following negotiations with Pakistan's first Charge d'Affaires who had arrived in Beijing in April 1951. The first Chinese Ambassador to Pakistan went to Karachi in September 1951 and Pakistan's first Ambassador to China arrived in Peking on November 1, 1951.

These are the beginnings that we shall celebrate this year after six decades. The year 2011 has been designated the "Year of China-Pakistan Friendship". We have decided to hold a series of activities in the political, economic, trade, military, cultural, sporting and education fields to commemorate the strength of our bilateral relations and to show the resolve to take it to new heights.

Going back to history again, we can identify three periods in our relations. Because of the *Cold War*, the 1950s was a period of uncertainty in Pakistan-China relations, though efforts started right in the beginning for engagement. During the Bandung Conference in 1955, Premier Zhou Enlai and Prime Minister Mohammad Ali Bogra agreed to strengthen exchanges and cooperation between the two countries. On May 23, 1955 Chairman Mao Zedong, while talking to our Ambassador in Beijing, Mr. Sultanuddin Ahmed, expressed the hope that given goodwill between the two countries, relations would grow stronger and friendlier.

In the late 1950s and early 1960s, the leadership of the two countries steered Pakistan-China relations towards closer understanding and solidarity. In 1961, Pakistan, voted for restoration of China's seat in the United Nations. In 1963, China and Pakistan signed a boundary agreement. This was a very significant milestone as it underlined and displayed the emerging trust between the two neighbours. The agreement was signed in February 1963 in Beijing by Pakistan's Foreign Minister Mr. Zulfiqar Ali Bhutto. This also showed Pakistan's independence in its foreign policy and its growing faith in Sino-Pakistan friendship.

From this point onwards, the third phase of relations between our two nations began which was characterized by mutual confidence, deep trust, and growing cooperation. This period can be called a period of consolidation and expansion and it has continued up to this point.

In May 1964, Premier Zhou Enlai, while speaking on Pakistan, said that in recent years the friendly and good neighbourly relations between China and Pakistan had developed greatly. Recalling his visit to Pakistan, he said: "…we found ourselves at all times living in an atmosphere of profound friendship, which the Pakistani people cherished for the Chinese people, and (we) were greatly moved by that."

In the succeeding decades, China and Pakistan have not only deepened their ties but stood by each other in difficult times. China helped us during the 1965 and 1971 wars. We advocated China's entry into the UN. We also facilitated rapprochement between the US and China through quiet diplomacy. We have coordinated our policies during the turbulent period of the Afghan resistance against the Soviet Union in 1980s; and are now cooperating in the war against terrorism.

As we come to the recent history of Pakistan-China relations, we can draw satisfaction from the fact that the two sides have fashioned a very effective, practical, and flexible architecture for engagement and cooperation in strategic, defense, economic, commercial, and cultural fields. This architecture is responsive to the changing times.

Leaders, statesmen, scholars, and mediapersons use poetic expressions to describe Pakistan-China relations. It is projected as higher than mountains, deeper than oceans, sweeter than honey, and stronger than steel. This relationship is cited as a model in inter-state relations. The poetic expressions that describe our friendship find a strong resonance in the hearts and minds of the people. Simply put, the people of Pakistan love China and the people of China. They see China as a friend and a partner, completely trustworthy and extraordinarily caring.

Pursuing friendship with China has therefore become the bedrock of Pakistan's foreign policy which enjoys consensus across the political spectrum. Pakistan deeply appreciates the support and assistance China has given for our economic and social development. We fully support China's principled stand on Taiwan, Tibet, Xinjiang, and other human rights issues.

Chinese Government and people reciprocate these sentiments and consider Pakistan to be their most reliable friend and partner. For China, developing relations with Pakistan figures high on its diplomatic agenda. China supports Pakistan's efforts in safeguarding its sovereignty, independence and territorial integrity.

This bond between the two nations explains the longevity and resilience of their relations and their strategic trust. The fuel for this relationship comes from the hearts and minds of the people. The prudent, farsighted policies of their successive governments buttress it through multiple frameworks.

Let us go back to the architecture. The 2005 Pakistan-China Treaty for Friendship and Cooperation and Good Neighbourly Relations is a crucial instrument which enables us to strengthen our strategic, economic and cultural relations. High-level visits play a crucial role in this regard. In December last year, Pakistan and China decided to establish an annual meeting mechanism between leaders, set up foreign ministers' dialogue mechanism and reinforce contact and dialogue between the foreign ministries. Since 2008, the President of Pakistan has visited China six times and the Prime Minister three times. Last year, Premier Wen Jiabao and Vice Premier Zhang Dejiang visited Pakistan.

A Joint Economic Commission (JEC) helps us stimulate growth of our economic and trade ties. We use a Five Year Development Programme on Trade and Economic Cooperation for this purpose. The first five year plan, which will be completed this year, has focused on port development, educational exchanges, establishment of Pakistan-China Joint Investment Company (JIC), automobiles, chemicals, fertilizers, telecommunications, and energy projects. We will launch the second five year programme in 2012. Under this plan, the two sides have identified 36 projects covering education, healthcare, water conservancy, agriculture, transport, energy, ICT, and industry.

China's leading brands are doing business in Pakistan and their operations are poised to expand as we set up exclusive economic zones for China.

The two sides are now working on the creation of a bilateral energy cooperation mechanism that would create a permanent interface between the relevant departments and entities dealing with hydro, thermal, coal-fired, alternate, and nuclear energy.

Following massive floods in Pakistan last year, China gave us generous, timely, and unconditional relief assistance. China's assistance to Pakistan was the highest ever disaster relief assistance given to a foreign country. We are glad that the Chinese companies are also going to be participants in the post-floods reconstruction, especially in the agricultural and infrastructure projects.

During Premier Wen Jiabao's visit, business to business agreements worth US $ 10 billion were signed. These agreements include areas of transmission, alternative energy, and remote sensing satellites, as well as purchase orders for food, fish, precious stones, minerals, leather and cotton yarn.

Pakistan-China trade which was only US $ 1.8 billion in 2002, last year rose to US $ 8.7 billion. Last year Pakistan's exports to China increased by 37% while import from China grew by 25%. The overall growth rate was a promising 28%. If we work at that pace, we would soon achieve our coveted target of US $ 15 billion, though we would take to surpass it.

Pakistan and China have signed Free Trade Agreements (FTAs) on goods, investment and services. A Free Trade Commission (FTC) meets regularly. Later this month, it will start consultations for the second phase negotiations of China-Pakistan FTA to enhance trade liberalization and promote economic and trade growth of the two countries. It will also look into the issues of dispatch of official purchase missions from China to Pakistan, visa facilitation measures and development of an Electronic Data Interchange (EDI) system.

Our two Armed Forces have very close cooperation. Last week, Chairman Joint Chiefs of Staff of Pakistan held the 8th round of Defense and Security Talks with PLA Chief of General Staff. We have unanimity of views to pursue peace and security in the region and to defeat the evil forces of terrorism, extremism, and separatism. Our defense cooperation spans high-level military exchanges, structured defense and security talks, joint exercises, training of personnel in each other's institutions, joint defense production, and defense trade.

This year we will make conscious efforts to promote understanding and friendship between our two peoples by enhancing exchanges in culture, education, media, sports, tourism, and public health. We would especially encourage visits by researchers and scholars so that they could give depth and perspective to the narrative of Pakistan-China friendship. Within this context, our emphasis is on exchanges between younger generations of Pakistan and China so that they can inherit this narrative and propagate it. A 100 – member Chinese youth delegation visited Pakistan in January this year and soon a Pakistani youth delegation will be in China. We believe that these exchanges will lay the foundation for understanding and cooperation among young men and women of China.

China is a rising power. In fact, it has arisen fast and has overtaken all economic powers but one. Leadership of China is modest in its approach and rightfully declares that China would continue its march towards comprehensive development by boosting per capita income, by redistributing wealth and resources among all citizens, by bridging the gaps between the rural and the urban areas as well as the Eastern and Western parts of the country, and by generating domestic demand. All these measures we believe will have a salutary impact on China's immediate neighbourhood, the Asia Pacific region, and the international economy.

Pakistan supports China's vision of a harmonious world – a world that works for win-win partnerships instead of win-lose paradigms. Pakistan hopes that Afghanistan would move towards stability and national reconciliation. In Pakistan, we hope to dismantle the networks of terrorism and create conditions for economic and social development of our people. Towards our East, we hope to have a structured, sustained, substantive dialogue with India to resolve our outstanding issues, to pave the way for a cooperative environment, and to make South Asia a safe and secure region.

In all these endeavours, we would work closely with our great neighbour China. All Pakistanis without exception are proud of China's phenomenonal success and we hope that China would continue to grow in its stature and the world would continue to benefit from China's quest for regional and global peace and prosperity.

I thank you!

China-Pakistan Friendship Lasts Forever

Du Youkang[1]

China and Pakistan are countries with ancient civilizations, and their traditional friendship can be traced back two thousand years ago. Thanks to the six-decade-long joint efforts by both governments and peoples since 1951 when China and Pakistan established diplomatic relations, the two countries have become the all-weather and all-dimensional strategic partners. The so-called "all-weather" refers to that China and Pakistan have always been in mutual understanding, mutual sympathy, mutual trust, mutual help and mutual support, no matter how changing and complicated the international situation is, withstanding the test of time and history. As to the "all-dimensional", it means close and comprehensive cooperation exist not only between the governments, political parties and all

[1] Professor and Director of Pakistan Study Centre, Fudan University.

sectors of the community, but also in the political, economic, diplomatic, military, technological and cultural fields as well. Therefore, China-Pakistan relations and their cooperations have become the fine model of friendly coexistence between countries with different social systems.

China and Pakistan are good neighbors with adjoining mountains and rivers. The "Silk Road" boosted the bilateral trade and cultural exchanges in ancient times, and the establishment of diplomatic relations promoted their cooperation further and made them live in harmony. The two countries signed a border agreement in 1963 in line with a spirit of fair, reasonable, mutual understanding and accommodation, and formally delimited and demarcated the border between them, indicating that they were determined to maintain lasting peace in the border areas and enduring friendship for generations. Since then, the border areas between the two countries have maintained peace and tranquility, thus forming a most stable and secure international border worldwide. Moreover, the China-aided Karakoram Highway, a miracle in the history of world highway construction, opened in 1978 and made the natural chasms turn into a thoroughfare. This world's highest international road is no different from modern "Silk Road", making the two countries and public sentiment closer, and has become a bond and symbol of the Sino-Pakistani friendship.

China and Pakistan are good friends supporting each other. Over the decades, the two countries' mutual supports apply to none preconditions and seek nothing in return. China supports Pakistan to safeguard its sovereignty, independence and territorial integrity, promote peace and stability in South Asia, and play an important role in the international anti-terror campaign. Similarly, Pakistan, regarding its relations with China as the cornerstone of Pakistan's foreign policy, has always pursued the one-China policy, fully supported China's great cause of peaceful reunification, firmly standed by China with regards to China's core interests including issues concerning Taiwan, Tibet, Xinjiang, human rights and combating the "three forces", and often fighted and battled with some anti-China forces with ulterior motive, thus showing the profound friendship to China. As the best friends in the international arena, the both sides also frequently strengthen communication, coordinate position, and cooperate closely on major international and regional issues of common concern.

China and Pakistan are good partners in mutually beneficial cooperation. Back in 1996, the two countries determined to establish "the comprehensive and cooperative partnership oriented toward the 21st century". Nearly 10 years later, they signed the "Treaty of Friendship, Co-operation, and Good Neighbourly Relations", announcing to develop their closer strategic cooperative partnership. The cooperation between China and Pakistan is in various fields and all-dimensions, especially the recent-established annual meeting mechnism between leaders and dialogue mechanism between foreign ministers. In the economic and trade field, for example, a free trade agreement (FTA) between China and Pakistan was signed in 2006 and came into effect from July 2007, which was in favor of overall plans for both sides and rational distribuion of resources. All these made a contribution to the bilateral economic and trade growth. Thereupon the bilateral trade volume set new records in succession and reached 6. 847 billion U. S. dollars during January-Octo-ber 2010, an increase of 27% comparing with the same period of last year. Currently, the two countries are working to resolve the trade imbalance, and focus on the cooperation in the fields of infrastructure, energy and agriculture, etc.

China and Pakistan are good brothers sharing weal and woe. No matter how changing the international situation is, or how severe the natural disasters are, China and Pakistan have always stood together to overcome the difficulties for a long time. When the catastrophic Wenchuan earthquake struck in May 2008, the heads of Pakistani state and government visited the Chinese embassy in Islamabad in person to express their condolences, and Pakistan was also one of the first foreign countries to offer China help by mobilizing all its transport planes and reserve tents for use in China. Similarly, when

Pakistan was devastated by one of the worst floods in its history in 2010, China offered about $250 million worth in aid to it, and for the first time sent the large-scale medical relief team and helicopter rescue team to the disaster areas abroad. In addition, the Chinese side further said it would continue to provide assistance to Pakistan within its capacity in support of Pakistan's reconstruction efforts. These examples are all reflections of their deep brotherly friendship between the two governments and peoples.

As good neighbors, good friends, good partners and good brothers, China and Pakistan has always lent a helping hand to each other, especially in times of need. Their friendship is based on solid foundation and deeply rooted in their peoples' hearts, which has withstood all kinds of severe tests. China's late leader Deng Xiaoping once said: "Sino-Pakistani friendship is eternal." And Pakistan leaders have also repeatedly described the Pakistan-China friendship as "sweeter than honey, higher than Himalayas and deeper than Arabian sea". On the occasion of their 60th anniversary of establishing diplomatic relations, we sincerely wish China and Pakistan, standing on a new historical starting point, promote traditional friendship further, expand cooperation concrete, and continuously push their strategic partnership forward.

Pakistan and China: Importance of Overland Connectivity

Fazal-ur-Rahman①

Pakistan, in the recent past has been making concerted efforts to highlight the importance of its strategic geographic location and proposing to serve as a Trade and Energy Corridor (TEC), especially for China, through creating a network of roads, railways and pipeline with an aim to linking West Asia, Central Asia, and South Asia.

With the growing prospects of economic development in the western regions of China, such as the recently announced 'Special Economic Zone' in Kashgar, and emerging economic opportunities

---

① Mr. Fazal-ur-Rahman is Director, China Study Centre, Institute of Strategic Studies, Islamabad.

in the land-locked Central Asian states; Pakistan, realizing the potential of its geographic location at the crossroads of three sub-regional systems, South Asia, West Asia and Central Asia - which are also represented by three overlapping multilateral economic cooperation frameworks such as, SAARC, ECO and SCO - envisioned to create two economic and energy corridors - North-South, by connecting Gwadar port to the China's western province of Xinjiang, and East-West corridor which would start from Yunnan province in China, and connecting South Asian states with West Asia. Pakistan's East-West Corridor, which intends creating links between South Asia and West Asia, is essentially a part of the United Nations Economic and Social Commission for Asia and Pacific (UNESCAP) planned Southern Corridor stretching by rail-links and roads from Yunnan in China and Thailand via Myanmar, Bangladesh, India, Pakistan and onwards to Iran and Turkey.

For realizing the potential of Pakistan becoming a TEC, its leadership has primarily collaborated with China, while supporting and participating in all such endevours initiated by other countries and international/regional organizations. For example, Iran has offered Pakistan land access through its territory to Central Asia and Russia for trade; in return Iran has asked Pakistan for a similar access to China, through the Karakuram Highway

(KKH). [1]India has also shown keen interest to have land-access to Iran, Afghanistan, Central Asia and Western China through Pakistan. However, Pakistan has made land-access for India conditional with the overall improvement in political climate and progress on the contentious issues between the two countries. Saudi Arabia, reportedly, is also looking into the possibilities of using Pakistan's North-South corridor for energy supplies to China. [2]Pakistan's East-West corridor constitutes a part of the UNESCAP initiated 'Southern Corridor' linking Asia with Europe. In this regard Pakistan is participating with keen interest in the operationalization of Trans Asian Railways and Asian Highway projects initiated by the UNESCAP.

While, the importance and usefulness of Pakistan's TEC is validated by many countries, Pakistan is specifically targeting China's interest, as the two countries are expanding their economic relations and have an evolving strategic partnership. Moreover, the infrastructure for TEC requires multibillion dollar financial commitment, for which China has the interest and capacity to undertake mega infrastructural projects in Pakistan. Feasibility studies have being carried out for laying a railway track and a pipeline along the KKH up to the Chinese border in Xinjiang. China's commitment for the construction

① 'Iran ready to offer trade corridor for transit', *Middle East Logistics*, December 20, 2006. www. middleastlogictics. com/topnews. asp? id = 2877.

② Business Recorder quoted, on March 16, 2006, Pakistan's oil minister, Naseer Khan Mengal as saying the issue was discussed between President Musharraf and Saudi King Abdullah during his visit to Pakistan in February 2006.

of Phase II of Gwadar port and the new international airport at Gwadar, besides, up-gradation of the KKH and interest of the Chinese companies to invest in an oil refinery and storage facilities demonstrates China's interest in developing Pakistan's North-South corridor.

There is indeed a very strong likelihood, that if these concepts are successfully realized, TEC would have profound impact on efforts for regional integration and would help in creating a web of regional interdependencies. Not only that, it would have positive impact on the processes aiming at conflict resolution in the region. An Indian scholar, Raja Mohan writes, "Whether we like it or not, normalization of relations with Pakistan holds the key to a successful 'Look West' policy. Whether it is in gaining overland access to Afghanistan and Central Asia, ensuring India's energy security, expanding ties with the Gulf, or limiting the threat of Islamic extremism and terrorism in the subcontinent, cooperation with Pakistan is essential". [①]Pakistan and India has initiated a composite dialogue process to find solution to their outstanding problems. Both the sides are hoping to create conducive environment to facilitate free flow of goods and people across their countries. Pakistan has recently given India the Most Favored Nation (MFN) status and both the countries have reiterated their desire to improve trade relations.

---

① C Raja Mohan, 'Nine ways to look west', *The Indian Express*, January 8, 2007.

Similarly, it is hoped that once the internal political dynamics improves in Afghanistan, TEC will have considerable positive impact on Afghanistan's relations with the neighbouring states and would contribute to the reconstruction and rehabilitation of the war-torn country. Pakistan has concluded a new transit trade agreement with Afghanistan to facilitate Afghanistan's export to India through land. However, this is only a one way facility and India cannot send its goods through Pakistan to Afghanistan.

The North-South Corridor

Pakistan has been passionately supporting and cooperating in multilateral regional frameworks for economic cooperation and regional development, such as, ASEAN SAARC, ECO and SCO. The emerging geo-political and geo-economic environment brought to the fore, Pakistan's geographic advantage at the cross-roads of three important sub-regions, West Asia, Central Asia and South Asia. To use its geographic advantage, Pakistan intends to serve as a hub of trade and energy corridors.

Pakistan's proposed North-South corridor connects the Gwadar Port to the Chinese province of Xinjiang which is well connected to the land locked states in Central Asia. [①]In this regard a road-network from Gwadar to Sust at the Chinese border exist, which presently is

① China is reportedly developing 12 Highways to connect Central Asia with Xinjiang.

being upgraded in KKH section with the financial assistance of China. A feasibility study for establishing a rail-link has been recently completed, and it is expected that the Chinese government will consider in near future linking the new economic zone being build in Kashgar with the Gwadar Port.

Pakistan's vision for its North-South corridor was first described by its former President, Pervez Musharraf, in his address to the Pak-China Business Forum[①] and exclusive interviews to the Chinese media, during his five-day state visit to China in February 2006. In an interview by the Beijing Review, published on March 2, 2006, Musharraf was asked by the correspondent: "You have emphasised many times that Pakistan can serve as a 'trade corridor', 'energy corridor' and a 'transport hub' in the region. What are the unique conditions for Pakistan to play such roles as compared to other countries in the region?"[②] While answering the question, Musharraf said:

> "It [the corridor] is important for Pakistan, and it is important for other countries. One has to consider mutual benefits whenever you develop a relationship with any other country. They attract you and you attract them. Pakistan's geography

① President Pervez Musharraf's address to Pak-China Business Forum. www. presidentofpakista. gov. pk.

② *Beijing Review*, March 2, 2006.

gives us a lot of advantage to serve as the 'corridor' because it is the center between South Asia, China and Central Asian republics. For anyone who wants to interact between these regions, is not possible without Pakistan. We are very proud of the fact that that China has opened up to the outside world. It is investing in the world. But the country gets oil from Saudi Arabia and transport the oil all the way around to its east coast. The transport route is very long. China also trades with Europe, Africa, the Middle East and India. How can China do all this through its east coast? China can go through Pakistan. Pakistan is conscious it can provide a link. Because of our friendship with China and Central Asian republics, we would like to provide a short cut route and contribute to all kinds of trade and energy cooperation. Therefore, I call Pakistan the trade and energy corridor of the region". ①

Also in another exclusive interview to the *China Daily* on February 2, 2006, former President Musharraf said, "We are interested in setting up a trade and energy corridor for China, the route on which feasibility is being conducted is a shortcut compared with the one via Straits of Malacca". ② Musharraf said that he was looking forward to the results of the feasibility study on transporting crude oil

① Beijing Review, March 2, 2006.

② 'Pakistan mulls building trade, energy corridor for China', *China Daily*, February 22, 2006.

via the mountainous region of Karakoram, and suggested that building a railway was an option.[①]

Some Chinese academics have expressed their individual views on the proposed concept. For example, Mr. Sun Shihai, a researcher at the Chinese Academy of Social Sciences, said "Although, the proposed pipeline is not a project that can be launched soon, it could work well in the long run".[②] Dr. Wang Wei, Director of the Office of South Asian Studies of the China Association of International Friendly Contact, pointed out that "Pakistan's proposed role, as China's energy corridor, is positive and inspiring proposition, which is worth active and serious consideration and assessment".[③] Dr. Pan Zhiping, Director of the Central Asian Studies Institute of the Xinjiang Academy of Social Sciences said, while commenting on the TEC, "Pakistan's Gwadar port is capable of serving as China's important energy transfer station. Oil from Africa and the Middle East will reach the port and go on to China via road, rail or pipelines. This is China's new energy channel".[④] Similarly, Mr. Hu Shisheng, a Chinese senior researcher on South Asia of the China Institutes for Contemporary International Relations (CICIR) point-

---

① 'Pakistan mulls building trade, energy corridor for China', *China Daily*, February 22, 2006.

② Ibid.

③ Ni Yanshuo, 'Corridor of Cooperation', *Beijing Review*, No. 13, March 30, 2006. www.bjreview.com.

④ Ibid.

ed out that "Pakistani President Pervez Musharraf proposed an 'energy corridor' earlier this year [2006] when visiting China. Such an 'energy corridor', which will provide China easier access to oil and gas in Central Asia and the Middle East, would help China diversify the sources of its energy imports and would lead the development of more roads, railways, and pipelines. It still needs feasibility studies and whether Pakistan is capable of ensuring the safety of the 'corridor' is the key issue".①

Former Prime Minister, Shaukat Aziz, while speaking at the Institute of Strategic Studies, Islamabad, on May 23, 2006, revealed that "Pakistan and China are considering a feasibility study for an oil pipeline from Gwadar port to western China to transport China's oil imports from the Gulf. The Gwadar and Karachi ports offer the shortest access to the Arabian Sea for Western China. An oil pipeline from Gwadar to Western China would greatly reduce the time and distance for oil transport from the Gulf to China. A major oil refinery at Gwadar would further facilitate China's oil imports".② Chairman ACFIC, Mr. Hu Deping, pledged that the Chinese businessmen were prepared to set up an oil refinery with a capacity of 10

① 'Experts call on to enhance economic links', Ministry of Commerce of the Peoples Republic of China, November 25, 2006, www. mofcom. gov. cn.

② Irfan Ghauri, 'Pakistan, China considering oil pipeline from Gwadar', *Daily Times*, May 24, 2006, www. dailytimes. com. pk/default. asp? page = 2006 \ 05 \ 24 \ story_ 24 – 5 – 2006_ pgl _ 1.

million tones at Gwadar. [①]Once materialized, this corridor would greatly enhance China's energy security.

East-West Corridor as a part of Asia's Southern corridor for Europe

The Trans-Asian Railway Network Agreement was signed on November 10, 2006, by 17 Asian states, including Pakistan, as part of UNESCAP efforts to build a trans-continental railway network between Europe and Pacific ports in China. [②]This inter-govermental Agreement has come into force in June 2009 with China becoming the eighth country to have approved the agreement. [③]Pakistan's East-West Corridor, which intends to creating links between South Asia and West Asia (Iran & Afghanistan), is essentially a part of the UNESCAP planned Southern Corridor stretching by rail-links from Yunnan in China and Thailand via Myanmar, Bangladesh, India, Pakistan and Iran to Turkey. [④]Five Links (Pk – 1 to Pk – 5) have been nominated for the Trans-Asian Railway network in Pakistan and all of the nominated links already exist and have a track gauge 1, 676mm. Link Pk – 1, which has a total length of 1730km, makes

---

① The Economic and Commercial Counselor's Office of the Embassy of the People's Republic of China in the Islamic Republic of Pakistan. June 15, 2006. (Chinese embassy in Islamabad website).

② Tomas Koch and Oliver Ramsbottom, 'Rebirth of the Silk Road', at www. asia-inc. com, September 4, 2008.

③ www. unescap. org/ttw/common/TIS/TAR/TAR_ 8April09. asp.

④ Tomas Koch and Oliver Ramsbottom, 'Rebirth of the Silk Road', at www. asia-inc. com, September 4, 2008.

up the entirety of the international route TAR – S1 within Pakistan. It runs from the border with India to the border with Iran. The overall length of Pk – 1 comprises 1021km of non-electrified single track line, 245km of electrified single track line, 423km of non-electrified double track line and 40km of electrified double track line.

As part of its development plan for expanding communication and transport network, Pakistan Railways has completed a feasibility study of Chaman-Kandhar (Afghanistan) section for laying railway tracks between Pakistan and Turkmenistan through Afghanistan. The feasibility study for cost, engineering and design for the construction of a rail link from Gwadar to the existing rail network in Mastang district of Baluchistan has been finalized. The main aim of this initiative is to connect the Central Asian states with Pakistan Railway's work through Afghanistan. ①

Pakistan along with 26 states signed the Inter-governmental Agreement on Asian Highway Network proposed by UNESCAP, in April 2004 in Shanghai and ratified on July 21, 2005. ②Pakistan has a total road-network of over 258,000km, out of which 10500km are National Highways (including motorways). The length of Asian Highway running through Pakistan is 5377km out of this, as per the

① Syed Fazal-e-Haider, 'China-Pakistan rail link on horizon', www. atimes. com.

② http: //www. pakistan. gov. pk/divisions/communications-division/media/ahnetwork. pdf.

Asian Highway（AH）Class, Primary Roads are 358km（7%）, Class-I Roads 1436km（27%）, Class-II Roads 543km（10%）, Class-III 2147km（40%） and Below-Class-III 893km（17%）. The government of Pakistan has launched two major initiatives for the up-gradation of road infrastructure that include; a 'National Trade Corridor Improvement Programme（NTCIP）2007 – 2014, with the financial support of World Bank, Asian Development Bank, China and Japan; and a 'Medium Term Development Framework（MTDF）2005 – 2010. Under the MTDF, there are 24 projects undertaken for improving the class of 2016km road-network on Asian Highway in Pakistan. The sections of Asian Highway in Pakistan are as follows:

1. Wagah（Pak-India Border）-Lahore-Peshawar-Torkhun（Pak-Afghan Border）, 607km.
2. Lahore-Quetta-Taftan（Pak-Iran Border）, 1828km.
3. Karachi-Lahore-Khunjrab（Pak-China Border）, 1289km.
4. Karachi-Quetta-Chaman（Pak-Afghan Border）, 816km.
5. Peshawar-D. I. Khan-Quetta, 837km. ①

All the above mentioned routes are operational for trade and transportation.

① A presentation by Pakistani delegate at the Asian Highway Investment Forum organized by UNESCAP on November 16, 2007, in Bangkok.

Infrastructural Development to facilitate Trade and Energy Corridors

a) *Development of Gwadar Deep-Sea Port*

Pakistan, with the partial financial and technical assistance from China completed the first phase of a deep-sea port in the south western city of Gwadar - which is located at the opening of energy rich Persian Gulf. Although, phase-I of the port was completed by March 2005, it was formally inaugurated on March 20, 2007 by the then President Pervez Musharraf and the Chinese Communication Minister, Li Shasheng.

Among the determining factors for building Gwadar Port - besides the Indian threat factor and economic incentives - were the considerations by the international financial institutions, stemming out of instability in the Gulf region and Middle East and the energy potential of newly independent states in Central Asia. Considering the risk factors to the international shipping in the Straits of Hormuz, through which nearly 40 percent of oil flows to the outside regions, the Asian Development Bank's Ports Master Plan studies considered an alternate to the Gulf Ports to capture the transit trade of the Central Asian States as well as the trans-shipment trade of the region. [①]Both

---

① 'Gwadar: Historical Perspective', Board of Investment, Government of Pakistan. www. boi. gov. pk.

Karachi and Port Qasim were considered for such development but found un-attractive to major shipping lines due to the remoteness from the main shipping route, the limitation of draft for mother and large bulk oil carriers and the comparative long turn-around-time. [①]With this background and the evident economic and strategic benefits, which the Gwadar Port could offer, the government of Pakistan included the development of Gwadar Port in its Five Year Plan (1993 - 94) as one of the most important objectives of the plan. [②]The agreement between Government of Pakistan and China was signed on August 10, 2001, for the construction of Phase - 1 of the port. According the agreement, for the first phase of Gwadar port, the government of China was to provide US $ 198 million and the government of Pakistan to provide US $ 50 million. The Chinese contribution consisted on the following segments:

1. Grant US $ 18 million
2. New Grant Assistance US $ 31 million
3. New Interest Free Loan US $ 31 million
4. Government Concessional Loan US $ 58 million
5. Buyer's Credit US $ 60 million[③]

Out of the total Chinese financial assistance of US $ 198 million for the construction of the phase - 1 of the Gwadar port project,

① 'Gwadar: Historical Perspective', Board of Investment, Government of Pakistan. www.boi.gov.pk.

② Ibid.

③ Ibid.

US $ 49 million is in grant and the rest is in the shape of loan and buyer's credit. In the first phase of Gwadar port, 3 multi-purpose berths of 602m long; 4.5km long approach channel dredged to 11.5 – 12.5m; turning basin 450m dia; and one 100m service berth have been completed. ①

China has also agreed to participate in the phase-II of the Gwadar port project, which would be completed at a cost of US $ 600 million. Phase-II would include; 4 container berths; 1 bulk cargo terminal (to handle 100, 000 DWT ships); 1 grain terminal; 1 Ro-Ro terminal; and 2 oil terminals (to handle 200, 000 DWT ships). ②The work on phase-II has not started yet.

b) *Up-gradation of the Karakoram Highway*

The decision to upgrade the KKH was taken during former President Musharraf's visit to China in February 2006. Pakistan requested China to help with the up-gradation of the Karakoram Highway. Musharraf said "This road when upgraded will provide the shortest route to the sea for products manufactured in China. The same road can serve to provide overland route for trade between China and India, thus linking two of the largest markets in Asia". ③ In

① 'Gwadar: Historical Perspective', Board of Investment, Government of Pakistan. www.boi.gov.pk.

② Ibid.

③ 'Pakistan-China Partnership for Peace and Development', President Musharraf's address to Shanghai Institute of International Studies, June 14, 2006. www.presidentofpakistan.gov.pk.

this regard a MoU was signed between China Road and Bridge Corporation and Pakistan's National Highway Authority, for the up-gradation of the 335km long section of the road between the Raikot Bridge and the Khunjerab mountain pass. Under the up-gradation programme, the road will be made an all-weather road, so that it remains open throughout the year; and to expand its width from 10 meter to 30 meter so that it can handle long-vehicles. ①The existing condition of the road does not allow handling of heavy traffic. It can not handle 40 – feet containers and remain closed from December 31 to May 1, due to severe weather conditions.

On July 4, 2006, a dry-port at Sust, some 200km from Gilgit on the border with China was inaugurated by the President Musharraf. The dry port was built in 2004 as a Pak-China joint venture, with a cost of 90 million rupees to expand and streamline border trade between the two countries. ②At the ceremony marking the inauguration, Musharraf said, "This landmark project is poised to give further depth and strength to Pakistan-China economic and political ties and help expand Pakistan's commercial linkages with the regional countries, including Central Asian states … We are talking of Pakistan-China inter-connectivity in terms of energy and trade, improvement in highway, development of railway link and gas and oil

① 'China Pakistan to renovate Karakoram Highway', www. hindu. com/2006/07/11/stories/20060711281300. htm.

② Safdar Khan, 'Karakoram Highway's Gwadar link likely', *daily Dawn*, July 5, 2006.

pipeline linkages and even fiber-optic connectivity along the highway under one project". [①] Pakistan has already signed a quadrilateral agreement with China, Kyrgyzstan and Kazakhstan for transit trade facilitation, which has become operational since 2004. However, more concentrated efforts are required by Pakistan to iron out some of the outstanding issues - such as the number of permits to be issued to the vehicles operating on the route - to make full use of this arrangement. The potential of KKH as a north-south trade corridor can be instantly realized with well thought out plans and a pro-active marketing approach for the use of KKH as a trade corridor.

Pakistan is also constructing a network of highways and railways within the country to facilitate north-south TEC. Karachi has been linked with Gwadar with a Coastal-Highway, and plans are underway to link it to Iran also. [②] Another major 950km long highway connecting Gwadar to Turbat, Khuzdar, and Ratodero would be completed in next 30 months. A new road would be linking soon Quetta to Zhob, D. I. Khan, Loralai and D. G. Khan, connecting Balochistan to Punjab and Khayber Pakhtoonkhwa (the old name of the province is NWFP). [③] China effectively has linked its western regions bordering Central Asia and Pakistan with the central China and

① Safdar Khan, 'Karakoram Highway's Gwadar link likely', *daily Dawn*, July 5, 2006.

② Prime Minister Shaukat Aziz announced while inaugurating a water treatment plant in Gwadar on March 20, 2007.

③ See President Musharraf's speech at the inauguration of Gwadar port on March 20, 2007, www. presidentofpakistan. gov. pk/.

can use the KKH and other links for expanding trade with West Asia and South Asia.

c) *Construction of Railways*

A railway line along the KKH connecting Pakistan and the Western China is being considered as an integral part of Pakistan's 'Trade and Energy Corridor Project.' The purpose of building a rail-line is not only for the trade purposes but also to transport energy in case a pipeline is not a viable option. This rail track would be linked to Gwadar, where oil refining and storage facilities are being planned.

In this regard, as a first step, the Pakistan Railways authorities invited tenders from the interested companies to prepare a feasibility study for the proposed project. Pakistan Railways short listed two companies, one from China and the other one a joint German-Austrian company, ILF Consulting Engineers, for the study of 1000km rail-track. [①]In Pakistan, the 750km track starts from Havalian, a place near Abbotabad in Khayber Pukhtoonkhwa, and passes through the Karakoram mountains up to the Pak-China border at Khunjrab. The second part consisting 250km long track would be constructed inside the Chinese province of Xinjiang. [②]The feasibility

① Naqi Akbar, 'Railways shortlist two companies for China rail link study', *The Nation*, November 16, 2006.

② Ibid.

study has been completed and the proposed railway link would cost US $ 8 billion. According to the expert's opinion, the construction of this railway may take about ten years because of the mountainous terrain which would require construction of several tunnels, and also the soil condition in some areas en-route would require extensive concrete applications. The cost of construction for this track could be compared to the cost of rail-track construction in similar mountainous terrain in Tibet, which cost US $ 5 million per kilometer. ①

Also, China in 2001, committed US $ 200 million to the modernization of Pakistan's railway system, including the construction of a new rail-line linking Gwadar port to the main east-west rail line linking Pakistan and Iran. ②This reflects the Chinese interest in strengthening Pakistan's communication infrastructure, which at some stage could be directly linked with China's western regions.

India is also counseling Pakistan and other neighbouring states to develop rail links to the energy resource rich Middle East. Pakistan's participation is crucial for any plans to linkup India with West Asia. With China, India is developing a rail link through Myanmar. India, what it calls the eastern international corridor,

---

① Naqi Akbar, 'Railways shortlist two companies for China rail link study', *The Nation*, November 16, 2006.

② John W. Garver, 'China's South Asia Interests and Policies', Testimony of John Garver at a hearings by the US-China Economic and Security Review Commission, July 22, 2005. www. uscc. gov.

will link Kohima in the state of Nagaland with Myanmar. It will reportedly connect India with Vietnam, Cambodia and Laos besides linking with this the prosperous Chinese regions in the southeast and Russia as well. ①

Similarly, in December 2006, the visiting Iranian Deputy Commerce Minister, Dr. Sadegh Mofatteh, said: "We are ready to provide transit facilities through land route to Pakistan."② Iranian offer demands reciprocity from Pakistan to allow Iran to use the KKH for transit trade with China. The two countries may reach an agreement for allowing use of land-routs on reciprocal basis.

Saudi Arabia has also shown interest in using Pakistan as energy corridor for transporting its refined oil to China. Saudi King Abdullah bin Abdul Aziz has reportedly discussed this possibility during his visit to Pakistan in February 2006. ③

Impediments to progress of Corridors

There are several technical issues to be resolved before the Southern Corridor could become functional; besides the infrastructural issues, there are issues pertaining to custom regulations,

---

① 'India counseling Pakistan, others to develop railway corridor', *Daily Times*, April 30, 2007.

② 'Iran ready to offer trade corridor for transit', December 20, 2006. www. middleastlogistics. com/topnews. asp? id = 2877.

③ Kyodo News International, March 16, 2006.

quarantine and security inspections and other legal procedures for trans-national shipments. Promoting inter-modal integration of the two networks is a challenging task.

Although, Pakistan's efforts to exploit its geographic advantage have drawn attention of the neighbouring regions and brightened its prospects for playing a role as a regional hub for intra-regional connectivity, the security environment on the exit points of Asian Highway and Trans-Asian Railway along the Pak-Afghan and Pak-Iran borders is a matter of concern. The fall-out effect of the protracted conflict in Afghanistan on Pakistan's border regions is one of the major impediments in the short-term. The province of Blauchistan, bordering Afghanistan and Iran is suffering from a low-intensity insurgency, thus threatening safe passage of cargo. However, this situation is transitory in nature, once the situation in Afghanistan moves towards stability, such security related impediments would disappear.

The global economic melt-down and Pakistan's severe financial crisis will negatively impact on its ability to complete ongoing projects and undertake new projects. This may slowdown Pakistan's efforts for facilitating efficient implementation on Trans-Asian Railway and Asian Highway projects.

Outstanding political issues between India and Pakistan are yet another major impediment in operationalization of the Southern Corridor as Pakistan links transit trade facility to India with progress on the contentious issues. Both the countries are actively participating in a bilateral composite dialogue to find mutually acceptable solutions to their long-standing problems, but the progress towards resolution of the problems is too slow.

On the other hand, Pakistan-China trade and energy corridor could be realized more effectively and have less problems. It is expected that with the rapid economic development in western regions of China and operationalization of the new special economic zone in Kashgar, the prospects of this corridor will increase enormously. It will not only benefit the two countries economically but facilitate to enhance people to people contacts and strengthen the bonds of friendship.

ABSTRACT

Developing Sino-Pakistan Strategic Relationship in the New Century

Shen Dingli

This paper reviews the source of realism of the "all-weather" strategic cooperative partnership between China and Pakistan. It analyzes the drivers of Sino-Pak bilateral security cooperation during the Cold War era, and addresses the necessity and possibility to expand such a special tie in the new century, with the purposes of improving security perception and attaining win-win or multiple-win scenario that fits the feature of the contemporary world in a larger scope.

Sino-Pakistan Strategic Cooperative Partnership: Mutual Perceptions, Characteristics and Prospects

Du Youkang

It has been 60 years since China and Pakistan established their diplomatic relationship. Thanks to the joint efforts and broad consensus, the two counties have become good neighbors living in harmony, credible friends trusting each other, and good partners undertaking meaningful cooperation. Sino-Pakistan strategic cooperative partnership, based on common interests and strong public support, is of strategic significance, comprehensiveness, and durability, thus having bright prospects for further development in the future.

Pakistan's Strategic Position and the Future of Sino-Pakistan Relations

Zhang Guihong

Pakistan has an important strategic position in China's peripheral environment and diplomacy. As a main channel that links China to West Asia and the Middle East and in terms of strategic equilibrium and stability in South Asia, Pakistan has its unique commercial, security and strategic value for China. The future of Sino-Pakistan relationship depends on their diplomatic, economic and security engagements, and the people-to-people contacts on the one hand; and the external factors such as India and the United States on the other hand. The coming year will witness a boost of bilateral trade and investment, non-government exchanges and cultural relations, and cooperation in regional and multilateral regimes.

60 Years of China and Pakistan Friendship: Profound Strategic and Cooperative Partnership

Zheng Yiwei

China and Pakistan have established diplomatic relations for 60 years and the two countries have enjoyed all-weather friendship and all-dimensional strategic cooperative relations. The key factor to this stable friendship is the mutual trust and deep cooperation between the two countries. This is mainly relfected in three aspects: sharing weal and woe during war period, consistently offering support under domestic unrest and international pressure and cooperating in high politics levels, especially in military fields. Due to this high strategic and cooperative partnership, China and Pakistan have coped with numerous severe challenges and ensure the continuity and development of Sino-Pakistan friendly relations.

China's Economic Diplomacy to Pakistan since the Establishment of Diplomatic Relations

Cui Jiankang

China has formulated its strategically diplomatic objectives and diplomatic means to Pakistan under the internal and external situations in different historical periods since their establishment of the diplomatic relation. At the same time, the goals and methods are always alternating in light of the changes of international situation and interactive process. The main concerns of China's economic diplomacy to Pakistan were security and political interests, and its concrete method was economic aid before the reform and open door policy. After that, China held the same objectives. However, it began to pay more attention to the economic interests; thus, economic aid was still the main method, while economic cooperation was gradually on the rise. After the cold war, security, political and economic interests were all priorities, within which economic cooperation became the main method. Overall, China has safeguarded its security interests, political interests, economic interests or in spite of defects and shortcomings.

Economic and Trade Development between China and Pakistan since the Establishment of Diplomatic Relations

Bei Min

The impregnable friendship between China and Pakistan has long been regarded as paradigm of cooperation between different social systems and political ideologies. Nevertheless, the all-weather friendship seems to appear in political field only. The slow development in economic relations calls for deep thoughts. Faced with the situation where politics are red hot while economics are frigidly cold, this article analyzes the factors that restrict the bilateral economic and trade progress and presents coping countermeasures in an attempt to further the economic relations between China and Pakistan, thus truly establish an all-round strategic partnership.

China's Multilevel Cultural Diplomacy to Pakistan and Its Necessity

Li Kun

China and Pakistan have set up cultural exchange to a certain degree in sixty years since they established diplomatic relations. However, there is narrowness of perspectives within cultural exchange because of the limited conditions. Indeed, China's cultural diplomacy to Pakistan can have multiple channels and levels. With the Accelerating development of Sino-Pakistan relations, cultural diplomacy in multilevel should be put on the agenda. In addition to official cultural exchange, civil society, Chinese people and Chinese companies in Pakistan are all the carriers of cultural diplomacy and have their unique advantages. In the guidance of government, China carrying out multilevel cultural diplomacy has important strategic influence on consolidating Sino-Pakistan "all-weather friendship".

Indian Factor in Sino-Pakistan Relations in the 21st Century

Ge Jingjing

Indian factor had played an important role since China and Pakistan established the relations between two countries. During the cold war, threat from India became a significant basis of the important Sino-Pakistan relation. Although Sino-India relations improved afterwards, the basic regional structure of South Asian and friendly relationship of Sino-Pakistan had not changed for a long period after the cold war. However, the Indian factor has altered with the rise of its strength and the adjustment of its foreign policy in the new century. The growing importance of India factor to the relations between

China and Pakistan becomes evident. It is a great challenge to China and Pakistan. The two countries should promote the benign interaction within China-India-Pakistan triangle, and solidify and deepen the base of their relations.

China-Pakistan Nuclear Relations in the Post-Cold War Era

Zhang Jiegen

China-Pakistan nuclear cooperation is an important issue in China-Pakistan relations. However, the Western media and academia often misunderstand the China-Pakistan nuclear relations and suspect its real intention. Considering this serious discrimination toward China-Pakistan nuclear relations, this paper starts with the history of China-Pakistan nuclear cooperation and tries to study the main factors influencing China-Pakistan relations objectively. The paper then probes into the future of China-Pakistan nuclear relations and puts forward the author's considerations and suggestions to improve them.

Anti-terrorism Cooperation between China and Pakistan under the Background of Internationalization of Terrorism

Wang Weihua

The internationalization of terrorism is an important characteristic of contemporary terrorism and a significant threat to the national security, bilateral relations of China and Pakistan and the stability of this region as well. Only the multilevel cooperation between two governments can deal with the multinational spread of terrorism effectively. Anti-terrorism Cooperation between China and Pakistan is based on domestic security and focuses on bilateral relations. At the same time, it has gone far beyond bilateral relations and cooperated at multilaterally regional and international levels. Anti-terrorism cooperation has become an important guarantee and one of the pillars of Sino-Pakistan comprehensive strategic partnership.

参考文献

GUO JIA JIAN GUAN XI DE DIAN FAN

一、英文书籍

1. David J. Whittaker, *the Terrorism Reader* (*2nd Edition*), London and New York: Routledge, 2001.

2. David M. Lampton, *The three faces of Chinese power: might, money, and minds*, Berkeley: University of California Press, 2008.

3. Earl Conteh-Morgan, *Collective Political Violence: An Introduction to the Theories and Cases of Violent Conflicts*, New York and London: Routledge, 2004.

4. Frank A. Ninkovich, *The Diplomacy of Ideas: U. S. Foreign Policy and Cultural Relations, 1938 – 1950*, Cambridge: Cambridge University Press, 1981.

5. J. N. Dixit, *India's Foreign Policy and Its Neighbors*, New Delhi: Cyan Publishing House, 2001.

6. Musa Khan Jalalzai, *the Crisis of State and Security in Pakistan*? Lahore: Dua Publications, 2002.

7. Nicholas Platt, *China Boys: How U. S. Relations with the PRC Began and Grew-A Personal Memoir*, New Academic Publishing: Washington DC, 2009.

8. Philip B. Heymann, *Terrorism and America*, Cambridge: MIT Press, 2000.

9. Thomas W. Robinson, David Shambaugh, *Chinese Foreign Policy: Theory and Practice*, New York: Clarendon Press · Oxford, 1997.

二、英文论文及章节

1. Asif Ali Zardari, "Sino-Pakistan relations higher than Himalayas", *China Daily*, February 24, 2009.

2. B Raman, "Pakistan: New Strategy Against Jihadis", *South Asia Analysis Group*, Nov. 20, 2007.

3. "The Will to Cooperate" *Beijing Review*, March 2, 2006.

4. C Raja Mohan, "Nine ways to look west", *The Indian Express*, January 8, 2007.

5. Calvin Sims, "Japan Beckons and East Asia's Youth Fall in love", *New York Times*, December 5 1999.

6. Fazal Hakim, "Spellbinding Visit to China", *Pakistan Observer*, May 7, 2009. Frank Ninkovich, "U. S. Information Policy and Cultural Diplomacy. Foreign Policy Association", 1996.

7. Gen Pervez Musharraf, "Holistic Approach to Tackle Terrorism", in Institute of Regional Studies, *Global Terrorism: Genesis*,

Implications, *Remedial and Countermeasures*, Islamabad: Institute of Regional Studies, 2006.

8. Glenn Kessler, "Washington objects to China-Pakistan nuclear deal", *The Washington Post*, June 14, 2010.

9. Harsh V. Pant, "The Pakistan Thorn in China-India-U. S. Relations", *The Washington Quarterly*, Vol. 35, No. 1, Dec. 2011.

10. Imtiaz Ahmed, "Contemporary Terrorism", in Nayyar, K. K. and Jorg Schultz (eds.), *South Asia Post 9/11*: *Searching for Stability*, New Delhi: Rupa. Co., 2003.

11. Joby Warrick and Peter Slevin, "Libyan Arms Designs Traced Back to China: Pakistanis Resold Chinese-Provided Plans", *The Washington Post*, February 15, 2004.

12. Jonathan Holslag, "China's Roads to Influence", Asian Survey, July/August, 2010.

13. Kenneth N. Waltz, "The Continuity of International Politics", in Ken Booth and Tim Dunne (eds.), *Worlds in Collision*, *Terror and the Future of Global Order*, Houndmills: Palgrave, 2002.

14. Kyodo News International, March 16, 2006.

15. Luo Zhaohui (Chinese Ambassador to Pakistan), *China's Harmonious Diplomacy and Sino-Pak Relationship*, Speech at the Seminar on Sino-Pak Relationship, Islamabad, October 29, 2007.

16. Lutfullah Mangi, "Pakistan and China: An Excellent Model for Relations between Neighboring Countries", *Contemporary*

International Relations (Beijing), Vol. 20, No. 6, 2010.

17. Mathieu Duchatel, "The Terrorist Risk and China's Policy toward Pakistan: strategic reassurance and the 'United Front'", *Journal of Contemporary China*, Vol. 20, No. 71, Jul. 2011.

18. *Milton C. Cummings, Jr. Cultural Diplomacy and the United States Government: A Survey*, Washington DC: Center for Arts and Culture, 2003, 1.

19. Najum Mushtaq, "Does Bush and Pakistan an need Musharraf?", *Foreign Policy in Focus*, March 24, 2007.

20. Naqi Akbar, "Railways shortlist two companies for China rail link study", *The Nation*, November 16, 2006.

21. Pakistan Ambassador Masood Khan, "China-Pakistan trade could exceed $15b target", *China Daily*, December 14, 2010.

22. Prime Minister Shaukat Aziz announced while inaugurating a water treatment plant in Gwadar on March 20, 2007.

23. Rahul Bedi, "China and the South Asia Circle", *Asia Times*, April 29, 2003. Richard Pells, "Not Like Us", New York: Basic Books, 1997.

24. S. Paul Kapur, *Dangerous deterrent: nuclear weapons proliferation and conflict in South Asia*, Stanford University Press, 2007.

25. Safdar Khan, "Karakoram Highway's Gwadar link likely", *daily Dawn*, July 5, 2006.

26. Samina Yasmin, "China and Pakistan in Changing World",

in Santhanam and Srikanth Kondapalli, *Asian Security and India 2000 – 2010*, SP Shipra, New Delhi, 2005.

27. Siddharth Ramana, "China-Pakistan Nuclear Alliance: An Analysis", *IPCS Special Report 109, August 2011*.

28. Sumit Ganguly and S. Paul Kaqur, "The Sorcerer's Apprentice: Islamist Militancy in South Asia", *The Washington Quarterly*, January 2010.

29. Sushil Kumar, "Power Cycle Analysis of India, China, and Pakistan in Regional and Global Politics", *International Political Science Review*, Vol. 24, No. 1, 2003.

30. T. V. Paul, "Chinese-Pakistani Nuclear/Missile Ties and the Balance of Power", *The Nonproliferation Review*, Summer, 2003.

31. The White House, *the National Security Strategy of the United States of America*, September 17, 2002.

32. Yaacov Vertzberger, "The Political Economy of Sino-Pakistani Relations: Trade and Aid 1963 – 82", *Asian Survey, May 1983.*

33. Ziad Haider, "Clearing Clouds Over the Karakoram Pass", *Yale Global Online*, March 29, 2004.

34. "Advance of the Amazonsu", *The Economist*, July 22 2000. "India counseling Pakistan, others to develop railway corridor", *Daily Times*, April 30, 2007.

35. "Multinational Movies: Questions on Politics", *New*

York Times, November 27 1990.

36. "Musharraf ally urges withdrawing bill that links Pakistan military aid to ant terror work", *International Herald Tribune*, Jan. 30, 2007.

37. "Pakistan assures full support to quake-hit China", *Daily Times*, May 15, 2008. "Pakistan mulls building trade, energy corridor for China", *China Daily*, February 22, 2006.

38. "Pakistan will stand by China: Gilani", *Daily Times*, May 16, 2008.

39. "Partnership with SCO to help fight terrorism", *Dawn*, August 17, 2007.

三、英文网站资料

1. Archived material, "China's Nuclear Exports and Assistance to Pakistan", http://cns.miis.edu/archive/country_ india/china/npakpos.htm.

2. Ashley J. Tellis, "The China-Pakistan Nuclear 'Deal': Separating Fact From Fiction", http://carnegieendowment.org/2010/07/16/china-pakistan-nuclear-deal-separating-fact-from-fiction/39ow.

3. Daniel A. Pinkston, "Testimony before: U. S. -China economic and security review commission hearing on China's proliferation practices and its role in the North Korea nuclear crisis", US Congress, March 10, 2005, http://www.uscc.gov/hearings/2005

hearings/written_ testimonies/05_ 03_ 10wrtr/pinkston_ daniel_ wrts. php, July 9 2011.

4. Evan A. Feigenbaum, "India's Rise, America's Interest, The Fate of the US-India Partnership", *Foreign Affairs*, Mar. /Apr. 2010, http: //www. foreignaffairs. com/articles/65995/evan-a-feigen-baum/indias-rise-americas-interest.

5. Fazal-ur-Rahman, "Pakistan Embraces the 'Shanghai Spirit'", *Strategic Studies*, Vol. XXV, No. 2, Summer 2005, http: //www. issi. org. pk/journal/2005_ files/no_ 3/article/a2. html.

6. Institute for Cultural Diplomacy, http: //www. culturaldiplomacy. org/pages/institute/index. htm (Mournir Bouchenaki, Assistant Director——General for Culture at UNESCO).

7. Irfan Ghauri, "Pakistan, China considering oil pipeline from Gwadar", *Daily Times*, May 24, 2006, www. dailytimes. com. pk/default. asp? page =2006 \ 05 \ 24 \ story_ 24 -5 -2006 _ pg1_ 1.

8. Isaac B. Kardon, "China and Pakistan: Emerging Strains in the Entente Cordiale", Project 2049 Institute, http: //project2049. net/documents/china_ pakistan_ emerging_ strains_ in _ the_ entente_ cordiale_ kardon. pdf.

9. John W. Garver, "China's South Asia Interests and Policies", Testimony of John Garver at a hearings by the US-China Economic and Security Review Commission, July 22, 2005. www. uscc. gov.

10. Kristen Bound, Rachel Briggs, etc. "Cultural Diploma", www. demos. co. uk/files/Cultural%20diplomacy%20 – %20web. pdf.

11. Lisa Curtis, "China's Military and Security Relationship with Pakistan", Testimony before the U. S. -China Economic and Security Review Commission, May 20, 2009, http: //www. heritage. org/research/testimony/chinas-military-and-security-relationship-with-pakistan.

12. Mark Hibbs, "Pakistan Deal Signals China's Growing Nuclear Assertiveness", April 27, 2010, http: //www. carnegieendowment. org/2010/04/27/pakistan-deal-signals-china-s-growing-nuclear-assertiveness/4su.

13. Ni Yanshuo, "Corridor of Cooperation", *Beijing Review*, No. 13, March 30, 2006, www. bjreview. com.

14. President Musharraf's speech at the inauguration of Gwadar port on March 20, 2007, www. presidentofpakistan. gov. pk/.

15. President Pervez Musharraf's address to Pak-China Business Forum. www. presidentofpakista. gov. pk.

16. Shen Dingli, "Don't shun the idea of setting up overseas military bases", http: //china. org. cn/opinion/2010 – 01/ 28/content_ 19324522. htm, January 28, 2010. Syed Fazal-e-Haider, "China-Pakistan rail link on horizon", www. atimes. com.

17. Tomas Koch and Oliver Ramsbottom, "Rebirth of the Silk Road", www. asia-inc. com, September 4, 2008.

18. U. S. Department of State, "*Cultural Diplomacy: The*

Linchpin of Public Diplomacy", Report of Advisory Committee on Cultural Diplomacy, Sep. 2005, www. state. gov/documents/organization/54374. pdf.

19. U. S. Department of State, *Country Report on Terrorism 2009*. http://www. state. gov/s/ct/rls/crt/2009/.

20. William Burr, "The China-Pakistan nuclear connection revealed", *The National Security Archive*, November 18, http://nsarchive. wordpress. com/2009/11/18/the-china-pakistan-nuclear-connection-revealed/.

21. Yogesh Kumar Gupta, "Common Nuclear Doctrine for India Pakistan and China", Institute of Peace and Conflict Studies, June 20, 2004, http://www. ipcs. org/article/india/common-nuclear-doctrine-for-india-pakistan-and-china – 1413. html.

22. "China Pakistan to renovate Karakoram Highway", July 11, 2006, www. hindu. com/2006/07/11/stories/2006071128130O. htm.

23. "China, Pakistan, and the Nuclear Supplies Group," June 17, 2010, http://www. carnegieendowment. org/publications/? fa = view&id = 41027.

24. "Experts call on to enhance economic links", Ministry of Commerce of the Peoples Republic of China, November 25, 2006, www. mofcom. gov. cn.

25. "Gwadar: Historical Perspective", Board of Investment, Government of Pakistan. www. boi. gov. pk.

26. “Iran ready to offer trade corridor for transit”, December 20, 2006, www. middleastlogistics. com/topnews. asp? id = 2877.

27. “Iran ready to offer trade corridor for transit”, *Middle East Logistics*, December 20, 2006, www. middleastlogictics. com/topnews. asp? id = 2877.

28. “Pakistan-China Partnership for Peace and Development”, President Musharraf's address to Shanghai Institute of International Studies, June 14, 2006, www. presidentofpakistan. gov. pk.

29. “China-Pakistan”, KGS Nightwatch, July 7, 2010, http: //us1. campaign-archive. com/? u = 817f179ff76c12de2a4e5ba20&id = 8b35cb599c&ė = a51c69d3a3.

30. “China's Nuclear Exports and Assistance to Pakistan”, http: //cns. miis. edu/archive/country_ india/china/npakpos. html.

31. “India, Pak agree on more contact, less terror”, Apr. 18, 2005, http: //times of India. India times. com/world/India-pak-agree on more-contact-less-terror/article show/1080769. cms.

32. “Text of Pakistan-India joint Statement”, Jul. 17, 2009, http: //www. dawn. com/wps/wcm/connect/dawn-content-, “The Breach”, *The Foreign Policy*, June 4, 2010, http: //www. foreignpolicy. com/articles/2010/06/04/the_ breach.

四、中文书籍

1. “反对党八股”，《毛泽东选集》第 3 卷，人民出版社 1968 年版。

2. 【美】约瑟夫 · 奈著，门洪华译：《硬权力与软权力》，北京大学出版 2005 年版。

3. 杜放、李娜编：《巴基斯坦投资研究》，湖北科学技术出版社 2004 年版。

4. 方连庆、刘金质、王炳元：《战后国际关系史（1954—1995）（下）》，北京大学出版社 1999 年版。

5. 军事科学院：《世界军事年鉴 2009》，解放军出版社 2009 年版。

6. 李五一：《大国关系与未来中国》，中国社会科学出版社 2002 年版。

7. 李智：《文化外交——一种传播学的解读》，北京大学出版社 2005 年版。

8. 林良光、叶正佳、韩华：《当代中国与南亚国家关系》，社会科学文献出版社 2001 年版。

9. 刘宏松：《国际防扩散体系中的非正式体制》，上海人民出版社 2011 年版。

10. 尚劝余：《尼赫鲁时代中国和印度的关 1947—1964》，中国社会科学出版社 2009 年版。

11. 随新民：《印度对中国的认知与对华政策》，河南人民出版社 2008 年版。

12. 孙士海主编：《南亚的政治、国际关系及安全》，中国社会科学出版社 1998 年版。

13. 孙士海、江亦丽主编：《二战后南亚国家对外关系研究》，方志出版社 2007 年版。

14. 外交部档案馆编：《伟人的足迹——邓小平外交活动大事记》，世界知识出版社 1998 年版。

15. 王缉思：《文明与国际政治》，上海人民出版社 1995 年版。

16. 王逸舟、谭秀英：《中国外交六十年（1949—2009）》，中国社会科学出版社 2009 年版。

17. 谢益显主编：《中国当代外交史》，中国青年出版社 2009 年版。

18. 谢益显主编：《中国外交史（1949—1979）》，河南人民出版社 1988 年版。

19. 杨翠柏、刘成琼：《列国志·巴基斯坦》，社会科学出版社 2005 年版。

20. 叶海林：《理解巴基斯坦——吹过开伯尔的风》，山东大学出版社 2010 年版。

21. 叶自成、李红杰主编：《中国大外交：折冲樽俎 60 年》，当代世界出版社 2009 年版。

22. 伊夫提哈尔·H. 马里克，张文涛译：《巴基斯坦史》，中国大百科全书出版社 2010 年版。

23. 俞文岚：《2007—2008 南亚报告》，云南大学出版社 2008 年版。

24. 张蕴岭：《中国与周边国家：构建新型伙伴关系》，社会科学文献出版社 2008 年版。

25. 中国军控与裁军协会译：《SIPRI 年鉴 2008》，时事出版社 2009 年版。

26. 周永生：《经济外交》，中国青年出版社 2005 年版。

五、中文论文

1. 【巴基斯坦】阿迈·库瑞希（Ajmal M. Qureshi），张超哲译，杨勇校："中国的崛起与中巴关系的战略走向"，《南亚研究季刊》2009 年第 2 期。

2. 陈利君、杨虹："中国与巴基斯坦电力合作的现状与前景"，《南亚研究》2010 年第 2 期。

3. 陈小萍："印巴恢复和平进程：动因与制约"，《南亚研究季刊》2010 年第 4 期。

4. 吴兆礼："印巴全面对话：进程、成果与未来走向"，《南亚研究》2010 年第 4 期。

5. 陈小萍："中巴贸易能源通道构想与前景"，《南亚研究季刊》2009 年第 1 期。

6. 戴永红、秦永红："中国与南亚能源合作中的地缘政治战略考量"，《四川大学学报（哲学社会科学版）》2012 年第 2 期。

7. 杜幼康："中巴友谊天长地久"，《国际商报》巴基斯坦特刊 2011 年 3 月。

8. 杜幼康："中巴战略合作伙伴关系：相互认知、特点及发展前景"，《南亚研究季刊》2011 年第 2 期。

9. 黄君宝、赵鹤芹、毕世宏："从战略高度认识和深化与巴基斯坦的全面合作 "，《亚太经济》2008 第 2 期。

10. 黄培昭："文明古国的文化对接"，《人民日报》2005

年 11 月 11 日。

11. 简涛洁：“全球化时代的文化外交”，《文汇报》2010 年 7 月 19 日。

12. 李诗佳、吴定保：“巴基斯坦总统会见温家宝 表示加强协调合作”，《人民日报》2005 年 4 月 7 日。

13. 李涛、谢代刚、王亚南：“中巴经贸合作的机遇、挑战和发展思路 ”，《亚太经济》2007 年第 5 期。

14. 李昕：“调整中的中印巴三角关系”，《南亚研究季刊》2007 年第 2 期。

15. 李智：“试论文化外交”，《外交学院学报》2003 年第 1 期。

16. 楼春豪、张明明：“南亚的战略重要性与中国的南亚战略”，《现代国际关系》2010 年第 2 期。

17. 穆沙拉夫：“全球和区域挑战背景下的中巴关系——巴基斯坦前总统穆沙拉夫在四川大学的演讲（节译）”，《南亚研究季刊》2009 年第 2 期。

18. 荣燕、高洁：“巩固深化全天候友谊——巴基斯坦外长重申巴中友谊重要性”，《中亚信息》2010 年第 3 期。

19. 沈丁立：“不妨大气看待印度核监督保障协议”，《新民晚报》2008 年 8 月 8 日。

20. 沈丁立：“中国有望加入核供应国集团”，《瞭望东方周刊》2004 年第 21 期，2004 年 5 月 20 日。

21. 孙红旗：“中巴建交六十年：双边关系回顾与思考”，《徐州师范大学学报》2011 年 5 月。

22. 汤光鸿：“论国家形象”，《国际问题研究》2004 年第 4 期。

23. 唐孟生：“巴基斯坦反恐任重道远”，《南亚研究》2010 年第 1 期。

24. 王莉莉：“60 载友好历史积淀：五年自贸协定助推中巴经贸合作商机无限”，《中国对外贸易》2011 年第 6 期。

25. 王群飞、孙跃兰：“中国——巴基斯坦自贸区贸易创造与贸易转移效应的实证分析”，《改革与战略》2011 年第 5 期。

26. 王伟华：“南盟地区的反恐合作机制及其影响”，《亚非纵横》2009 年第 2 期。

27. 王耀东：“2010 年：中印关系面临新起点”，《文汇报》2009 年 12 月 24 日。

28. 文富德：“论中巴经济贸易合作的发展前景”，《南亚研究季刊》2007 年第 1 期。

29. 吴永年：“巴基斯坦内政变化与外交调整”，《外交评论》2006 年 10 月。

30. 徐长文：“加强友谊扩大经贸——中国与巴基斯坦的经贸发展进入新时期”，《国际贸易》2006 年第 3 期。

31. 徐秋爽、尹翔：“中巴经贸关系存在的问题及发展方向”，《南亚研究季刊》2006 第 4 期。

32. 薛勇：“中印巴三角关系与中国的南亚政策”，《南亚研究季刊》2007 年第 1 期。

33. 叶海林：“结构不均衡问题对新形势下中巴关系的影响”，《当代亚太》2006 年第 10 期。

34. 张贵洪:“巴基斯坦的战略地位与中巴关系的未来”,《南亚研究季刊》2011 年第 2 期。

35. 张会丽:“当前中巴经贸关系发展中的制约因素及应对策略”,《新疆财经》2010 第 3 期。

36. 张力:“新阶段反恐战争:巴基斯坦的处境与美巴矛盾”,《南亚研究季刊》2008 年第 2 期。

37. 郑瑞祥:“中巴关系的发展历程和前景展望”,《南亚研究季刊》2011 年第 4 期。

38. 周玉树:“中巴关系需要新的论述”,《内蒙古师范大学学报》2012 年第 5 期。

39. 周海滨:“专访巴基斯坦驻华大使马苏德·汗:进一步推进巴中经贸发展”,《中国经济周刊》2011 第 2 期。

40. 周戎:“为中国企业的进步喝彩——访巴基斯坦经济界人士艾山·拉贾和杜拉尼”,《光明日报》(北京)2008 年 12 月 17 日。

41. 周戎:“中巴战略合作需注入新的活力”,《南亚研究季刊》2007 年第 1 期。

42. 周蓉、周海燕:“中国与巴基斯坦的经贸发展特点和前景探析”,《法制与社会》2008 年 11 月。

六、中文文件

1. “中华人民共和国与巴基斯坦伊斯兰共和国联合声明”,伊斯兰堡,2006 年 11 月。

2. “中华人民共和国与巴基斯坦伊斯兰共和国联合声明”,

北京，2006 年 2 月。

3. “中国的军控、裁军与防扩散努力”白皮书，北京，2005 年 9 月。

4. 《中华人民共和国和巴基斯坦伊斯兰共和国联合声明》，新华社伊斯兰堡，2010 年 12 月 19 日。

5. 中华人民共和国国务院新闻办公室，“中国的防扩散措施与政策”白皮书，北京，2003 年 12 月。

6. 巴基斯坦驻华大使马苏德·汗在清华大学巴基斯坦文化传播研究中心的发言，2011 年 4 月 22 日。

7. 胡锦涛：“弘扬传统友谊，深化全面合作”——在伊斯兰堡会议中心的演讲，《人民日报》2006 年 11 月 25 日。

8. 温家宝：“风雨同舟　共创未来”——在巴基斯坦议会的演讲，《人民日报》2010 年 12 月 20 日。

七、中文网站

1. 中华人民共和国中央人民政府门户网站：http：//www. gov. cn。

2. 中华人民共和国外交部网站：http：//www. fmprc. gov. cn。

3. 中国人民共和国商务部网站：http：//www. fmprc. gov. cn。

4. 中国人民共和国国务院新闻办公室网站：http：//www. scio. gov. cn。

5. 中国驻巴基斯坦大使馆网站：http：//pk. chineseembas-

sy. org/chn。

6. 中国驻巴基斯坦大使馆经济商务参赞处网站：http：//pk. mofcom. gov. cn。

7. 中国驻卡拉奇总领馆经济商务室网站：http：//karachi. mofcom. gov. cn。

8. 中国网：http：//www. china. com. cn/。

9. 中国经济网：http：//www. ce. cn。

10. 中国文化网：http：//www. chinaculture. org。

11. 中国南亚网：http：//www. sasnet. cn。

12. 中国社会科学在线网：http：//www. csstoday. net。

13. 中国战略网：http：//mil. chinaiiss. com。

14. 中国新闻网：http：//www. chinanews. com。

15. 中国新闻周刊网：http：//news. inewsweek. cn。

16. 中国日报网：http：//www. chinadaily. com. cn。

17. 新华网：http：//www. xinhuanet. com。

18. 人民网：http：//people. com. cn。

19. 光明网：http：//www. gmw. cn。

20. 环球国际新闻网：http：//world. huanqiu. com。

21. 新浪网：http：//news. sina. com. cn。

22. 凤凰网：http：//www. ifeng. com。

23. 中国对外投资和经济合作网：http：//fec. mofcom. gov. cn。

24. 中国核工业集团网站：http：//www. cnnc. com. cn。

25. 中国反恐网：http：//www. china-safety. com. cn。

26. 孔子学院网站：http：//www. chinese. cn/college。

27. 美国驻中国大使馆中文网站：http：//chinese. usembassy-china. org. cn。

28. 中国外交部网站："中国同巴基斯坦的关系"，http：//www. fmprc. gov. cn/chn/pds/gjhdq/gj/yz/1206_ 3/sbgx/。

29. 中国外交部网站："中国同印度的关系"，http：//www. fmprc. gov. cn/chn/pds/gjhdq/gj/yz/1206_ 42/sbgx/。

30. 中国外交部网站："中巴双边关系——中巴贸易统计表"，http：//www. fmprc. gov. cn/chn/pds/gjhdq/gj/yz/1206 _ 3/sbgx/。

31. 中国外交部网站："核供应国集团"，http：//www. fmprc. gov. cn/chn/pds/wjb/zzjg/jks/hy/t410965. htm。

32. 中国商务部网站："国别报告"，http：//countryreport. mofcom. gov. cn/default. asp。

33. 中国商务部亚洲司网站："2010 年 1—12 月我国对亚洲国家（地区）贸易统计"，http：//yzs. mofcom. gov. cn/aarticle/g/date/n/201101/20110107385479. html。

34. 中国经济网："中巴共同签署自由贸易协定早期收获协议"，http：//www. ce. cn/macro/gjbd/zg/200512/09/t20051209 _ 5472624. shtml。

35. 中国对外投资和经济合作网："对外投资合作国别（地区）指南——巴基斯坦 2010 年版"，http：//fec. mofcom. gov. cn/gbzn/gobiezhinan. shtml。

36. 中国核工业集团网站："中国拟向巴基斯坦供应第五座

核反应堆”，http：//www. cnnc. com. cn/tabid/283/InfoID/50348/frtid/446/Default. aspx。

37. 美国驻中国大使馆中文网站：“富布赖特项目”，http：//chinese. usembassy-china. org. cn/fulbright_ program. html。